사회초년생 직장인들에게 해주고 싶은

재무설계 100문 100답

사회초년생 직장인들에게 해주고 싶은

재무설계 100문 100답

김한겸 지음

두드림미디어

프롤로그

긴 시간 학교생활을 끝낸 뒤 사회에 첫발을 들이고 첫 월급을 받게 될 여러분에게 응원하는 마음을 전합니다. 이 책은 여러분을 위한 것입니다. 학교에서는 알려주지 않았던 돈에 관한 이야기가 들어 있습니다. 어떻게 모아야 하고 소비해야 하는지 말입니다. 첫 시작을 완벽히 잘해야 한다는 이야기보다 부족하고, 잘 몰라도 일단 시작하고 수정해 나가면서 완벽해지기를 권합니다. 월급을 받아서 하루 만에 다 써보기도 하고, 10만 원으로 한 달을 살아 보기도 하고, 100만 원 정도의 돈을 한 종목에 다 넣어서 어떻게 흘러가는지 지켜보기도 해보세요. 처음부터 완벽히 해내는 사람은 없습니다. 결국에 돈을 모으고 부자가 되는 사람의 공통점은 실패 속에서 배운다는 것입니다. 그와 더불어 실패의 리스크를 최소화하는 것이 포인트입니다. 한 달 월급을 다 날려버리는 것은 당장 삶에서 큰 어려움이 될 수 있습니다. 하지만 큰 인생의 범위에서는 그다지 큰 리스크는 아닙니다. 중요한 것은 그것을 통해 더 나은 사람이 되어야 하고, 다시는 그런 실패를 하지 않기 위해 노력해야 한다는 것입니다.

많은 사람을 상담하면서 그들이 실제로 질문했던 내용을 이 책에 담았습니다. 답변대로 즉각 행동했던 분들이 있는 반면에 듣고도 그렇게 하지 못하는 분들도 있었습니다. 결과적으로 보면 즉각 행동했던 분들이 좋은 성과를 냈습니다. 왜냐하면 실행하는 습관이 생기기 때문입니다. 그것이 좋은 성과를 보장해주지는 않습니다. 하지만 좋은 성과에 가까워질 수 있게 가능성을 높여주는 것은 확실합니다.

이 책은 질문에 답변하는 형식으로 되어 있습니다. 평소에 궁금했던 질문을 위주로 먼저 살펴보아도 좋습니다. 하지만 처음부터 정독해보시기를 권합니다. 왜냐면 투자 습관을 만들기 위한 시간의 순서대로 구성했기 때문입니다. 그리고 궁금한 내용이 있다면 언제든지 저에게 문의해주세요. 저는 언제든지 여러분과 이야기할 준비가 되어 있답니다. 카카오톡, 이메일, 블로그, 유튜브 어디서든 좋습니다.

부디 이 책이 여러분의 투자 습관을 만드는 데, 인생을 위한 재무설계에 큰 도움이 되기를 바랍니다.

이 책이 완성되기까지 가족의 도움이 매우 큰 역할을 했습니다. 제 아내와 두 아이에게 고맙다는 말을 전합니다.

"지은, 수아, 재희 고맙습니다. 사랑합니다."

김한겸

차례

PART 02 저축, 부자가 되는 첫 번째 길

PART 03 투자, 저금리 저성장 시대 필수 조건

PART 04 보험, 사고와 재정적 리스크를 막는 대책

PART 05 연금, 국민연금 + 개인연금 + 퇴직연금으로 준비하는 노후대비

PART 06 배당과 월세, 제2의 소득 만드는 법

PART 07 주식, 돈이 일하게 만드는 투자

PART 08
부동산, 내 집 마련의 시작

PART 09
사업, 월급 외 수익 만드는 방법

PART 10 재무설계, 내 인생의 돈 계획

PART 11 재무설계 실전 편, 사회초년생을 위한 투자 조언

PART
01

절약, 나의 자산을 늘리기 위한 시작

절약을 왜 해야 하나요?

Q 무조건 절약해야 한다는데 왜 해야 하는지 모르겠어요.

많은 사회초년생을 만나서 절약을 강조하면, 좋은 반응을 얻기가 쉽지 않았습니다. 왜냐하면, 그들은 이제 스스로 소득을 발생시키고, 하고 싶은 일을 할 수 있다는 희망에 부풀어 있기 때문이죠. 하고 싶은 일에는 여러 가지가 있지만, 그중에서도 마음껏 소비하는 것이 꼭 포함되어 있습니다. 여행도 가고 싶고, 비싼 옷도 사고 싶고, 지금까지 수고한 나에게 주는 선물이라는 이름으로 여러 가지를 계획하고 있겠지요. 모두 좋습니다. 그리고 분명히 필요한 부분이라고 생각합니다. 한 가지 추천하고 싶은 것은 꼭 계획해서 소비하라는 것입니다. 계획하지 않고 소비하는 습관이 들어버리면, 소득을 발생시켜도 저축이나 투자로 이어지지 않습니다.

'절약을 이야기한다고 했으면서, 계속 소비에 관한 이야기를 하는 이유는 뭐지?'라는 생각이 드실 것입니다. 그 이유는 절약은 소비에 연결

되어 있기 때문입니다. 소비가 없다면, 절약도 없겠지요. 소비에 대한 계획을 세우는 것이 절약의 시작입니다.

'이번 달은 꼭 절약해서 저축도 하고 투자도 해야지!'

이 다짐은 실패할 확률이 높습니다. 계획이 없는 목표를 이룬 경험이 있는지 돌아보시기를 바랍니다. 필자는 없습니다. 가끔 계획 없이 목표를 이룬 경험이 있다고 해도 그 경험이 의미 있는 무형의 자산으로 나에게 쌓이지는 않습니다. 그 이유는 목표를 이루었지만, 왜 이루었는지 모르기 때문입니다.

자, 다시 절약으로 돌아옵시다.

절약은 매우 중요합니다. 속된 말로 거지 같은 삶을 살라고 하는 것이 아닙니다. 소비는 계획하고, 철저히 지키려고 노력하고, 그렇게 절약한 돈은 저축과 투자로 이어집니다. 결국 나의 자산을 늘리기 위해서 하는 행동의 첫 번째가 절약입니다. 그래서 매우 중요합니다. 절약 없는 저축, 투자는 꾸준함으로 이어지기 어렵습니다. 저축과 투자는 꾸준함이 습관화되지 않으면 지속할 수 없습니다.

절약해야 나의 자산을 늘릴 수 있습니다. 잠시 소비를 미뤄두는 것이지만, 나의 미래의 현금흐름을 위해 또 다른 의미의 소비를 하는 것입니다. 절약한 돈이 미래에는 더욱 큰 금액으로 성장해 있을 테니까요. 그런 성장을 경험한 사람과 그렇지 않은 사람의 인생은 매우 다릅니다.

한 가지 예로, 사회초년생 중 입사 후 차를 먼저 구매하는 분들이 있습니다. 물론 차가 필요하신 분들은 구매하셔야겠죠. 하지만, 지금 구매하는 차의 비용이 5년 후, 10년 후에 2배, 3배가 된다는 확신만 있다면, 절대로 차를 먼저 구매하지 않을 것입니다. 미래가치의 측정을 할 줄 모르기 때문에, 경험도 없으므로 현재가치의 물건을 일단 구매하고 미래는 나중에 생각하거나, 전혀 생각하지 않습니다. 게다가 현재가치의 물건인 차는 계속해서 물건값이 떨어지는 감가가 되는 것입니다. 어떤 자산을 구매하자마자 값이 내린다면, 그것이 지금 나의 삶에 정말 꼭 필요한 물건인지 매우 고민을 깊게 해야 합니다. 왜냐하면, 소비하지 않고 뒤로 미루면 자산은 지켜지고, 오히려 더 늘어날 가능성이 있기 때문입니다.

따라서 이런 경험을 하고 소득이 발생하는 사람과 그렇지 않은 사람의 차이는 초반부터 매우 크게 벌어집니다. 필자도 그런 경험 없이 사회생활을 시작했고, 늘 가격이 내리는 자산만을 구매하다 보니 결국에는 자산이 늘어가기보다는 오히려 줄어가는 것을 경험했습니다. 나와 같이 출발했던 지인들도 거의 비슷한 경험을 했습니다. 그래서 사회초년생들을 상담하면, 반드시 절약에 관한 이야기를 합니다. 절약을 통해 저축하고, 투자해서 자산을 늘려가는 것이 얼마나 즐거운 일인지를 말이죠.

절약은 어디서부터 해야 하나요?

절약하고 싶은데, 어디서부터 어디까지, 어떻게 해야 할까요?

"월 소득의 얼마까지 절약해야 하는 것이 적당할까요?"
"월 소비 중에서 몇 %를 절약해야 할까요?"
"돈을 안 쓰는 것이 절약인가요?"
"절약을 위해 오늘부터 아무것도 안 하기로 했습니다."

수많은 질문들을 받으면서, 한 가지 공통점을 발견했습니다. 책을 읽고 있는 여러분도 발견하셨나요? 절약이라는 말은 많이 들어왔지만, 사람들은 절약에 대해서 모른다는 것입니다. 다음은 절약의 사전적 정의입니다.

절약

함부로 쓰지 아니하고 꼭 필요한 데에만 써서 아낌.

(출처 : 네이버 사전)

절약의 첫 번째 원칙은 함부로 쓰면 안 된다는 것입니다. 그리고 두 번째 원칙은 꼭 필요한 데에만 써서 아끼는 것입니다. 이 2가지 원칙이 가장 중요합니다. 얼마를 절약해야 하는지, 몇 %를 아껴야 하는지, 돈을 안 써야 하는지, 그러기 위해서 아무것도 안 해야 하는지에 대한 것을 누군가가 정해주지 않습니다. 소비하더라도 함부로 쓰지 않는다면 그것은 절약이고, 꼭 필요한 데에 쓴다는 확신이 있다면 절약이지요. 무조건 돈을 안 쓰고, 적게 쓰는 것이 절약이 아닐 수 있다는 것입니다.

그래서 절약을 위해서 한 가지 첨언을 한다면 다음과 같습니다.

소비하기 전에 계획된 것인지, 이 가격이 최저 가격인지 생각해보세요.

계획된 소비를 하는 것은 매우 중요합니다. 하지만, 늘 계획된 소비만을 할 수는 없겠죠. 우리의 일상에서는 늘 생각지도 못한 일들이 벌어집니다. 그 일들을 처리하고 넘기기 위해서는 돈이 필요한 경우가 많습니다. 그렇다고 그럴 때마다 계획된 소비가 아니니 외면한다면, 절약하려다가 나의 인생이 망쳐지는 일이 벌어질 수 있겠죠. 계획된 소비가 아니라면, 이 가격이 최저 가격인지 생각해보세요.

예를 들어 봅시다. 오늘 갑자기 커피 한 잔이 마시고 싶어졌습니다. 때마침 커피를 살 수 있는 매장 옆을 지나고 있네요. 한 잔에 5,000원입니다. 커피 향도 너무 좋고, 매장 인테리어도 마음에 듭니다. 여기서 한 가지만 더 생각해보자는 것입니다. 5,000원의 커피 가격이 과연 나에게 최저의 가격인가? 그렇게 생각한다면 그대로 매장에 들어가 커피를 주문하면 되지만, 아니라고 생각한다면 그곳을 지나서 1,500원 커피 매장으로 가야 합니다. '5,000원은 절약이 아니고, 1,500원은 절약이다'라는 이야기가 아닙니다. 절약의 첫 번째 원칙은 함부로 쓰지 않는 것입니다. 가격이 정해져 있지 않은 것이죠. 필자의 커피 가격 최저가는 2,000원입니다. 이렇게 2,000원짜리 커피를 마시면서 절약한 돈을 어떻게 모아가는지는 다음 챕터에서 알려드릴게요.

커피값을 절약하면 도움이 되나요?

커피값을 절약하는데, 월 지출은 그대로예요. 도움이 되는 것 맞나요?

커피값을 절약하는 것은 저축이나 투자에 매우 도움이 되는 행위입니다. 하지만 한 가지 기억해야 할 것은 절약만 하는 것으로 끝나면, 저축이나 투자에 도움이 되지 않는다는 것입니다. '무슨 말장난 같은 소리냐?'라고 생각하실지도 모르겠습니다. 많은 사람이 절약은 하고 있으나 그것이 실제로 저축이나 투자로 이어지지 않습니다. 왜 그럴까요? 그것은 절약한 금액이 다른 소비에 사용되고 있기 때문입니다. 예를 들어 보겠습니다.

> 매일 한 잔씩만 커피를 마시되 2,000원 이하의 커피만 마시기로 함.

매일 4,000원짜리 커피를 마시다가 2,000원짜리 커피를 마시는 것은 절약이 맞습니다. 한 달을 30일로 가정한다면, 12만 원의 지출이 6만 원의 지출로 무려 50%나 줄어들게 되어 한 달에 6만 원을 저축할 수 있는 돈이 생겨야 합니다. 그런데 여기서 문제는 6만 원의 돈이 남지 않는다는 것입니다. 왜냐하면, 그 6만 원을 다른 소비에 사용하기 때문입니다. 한 달에 6만 원을 아껴서 저축하는 것이 아니라 6만 원짜리 다른 물품을 구매하거나, 맛있는 식사를 한다는 것입니다. 그것은 절약은 했으나, 저축으로 이어지지 못하는 사례입니다. 절약하면서 온갖 스트레스는 받지만, 정작 저축하기 위한 본질은 지켜지지 못하는 것이지요. 그렇다면, 이것을 변화시키기 위해서는 어떤 일을 해야 할까요?

첫 번째, 매일 한 잔씩만 커피를 마시되 2,000원 이하의 커피만 마시기로 함.
두 번째, 절약한 2,000원은 '즉시' 저축통장으로 이체할 것.

여기서 두 번째 행위가 꼭 뒤따라야 한다는 것입니다. 가장 중요한 단어는 바로 '즉시'입니다. 절약한 즉시 저축통장으로 이체합니다. 그래야 온전한 절약을 실행한 것입니다. 두 번째 행위가 없다면, 앞에서 이야기한 것처럼 절약 시늉만 한 것이 되는 것입니다. 필자는 참고로 저축통장에 이체하기보다는 증권계좌로 바로 이체합니다. 그렇게 모인 돈으로 좋은 기업의 주식을 1주씩 삽니다. 물론 이 이야기도 뒤에서 자세히 다루겠습니다.

절약하면 절약 행위가 실제로 저축으로 이어져야 합니다. 저축으로 이어진 돈은 투자로 이어져야 하고요. 이런 선순환 구조가 아니라면, 절약하고 있지만, 정신적 스트레스만 커지고 정작 돈은 모이지 않는 상황이 계속될 것입니다. 그런 이후에는 절약마저도 실행하지 않고, 돈을 버는 족족 모두 소비부터 해버리는 아주 좋지 않은 습관이 형성되기 시작할 것입니다. 좋지 않은 습관의 부작용은 다시 되돌리기 참 힘들다는 것입니다. 좋은 습관은 좋지 않은 습관으로 되돌리기는 참 쉬우나, 그 반대는 그야말로 자신을 갈아 넣어야 가능하기 때문입니다.

절약한 후에 그 절약한 금액을 어떻게 저축할지 생각해보시기 바랍니다. 반드시 저축으로 이어져야 돈을 모으고 자산을 불릴 수 있습니다.

절약하고 있는데 돈이 모이지 않아요

Q 절약은 많이 하는데, 정작 돈이 모이지 않아요. 어떻게 해야 할까요?

일단 절약하고 있다는 것은 매우 칭찬해 드리고 싶습니다. 하지만 절약이 절약이라는 행위로 끝나서는 안 됩니다. 절약을 통해 돈을 모으는 것이 주된 목표이지요. 목표를 달성하기 위해 수단이 존재해야 하는데, 수단을 통해 목표를 달성하지 못한다면 수단에 문제가 있는 것입니다. 절약만으로는 돈을 모으지 못합니다. 다시 한번 말씀드리지만, 절약만으로는 돈을 모을 수 없습니다. 돈을 모으지 못한다는 것은 저축하지 못한다는 이야기이고, 저축을 못한다는 이야기는 투자로 이어지지 못한다는 것이고, 결국 자산을 늘릴 수 없다는 결론에 이르게 됩니다. 절약이 저축으로 이어져야 합니다. 절약한 돈을 바로 저축하는 계좌에 입금해야 합니다. 그것이 절약의 완성입니다. 그렇게 한두 번 돈이 모이게 되면, 절약하는 이유가 생깁니다. 무언가 행위를 할 때 명분이라는 것이 참 중요합니다. 명분이 없는 행위는 좋은 결과를 가져올 수 없습니다. 좋은 결과를 가져온다고 해도, 이유를 모르기 때문에 일회성으로 그칠 가능성이 큽니다. 명분을 가지고, 절약해보세요. 절약해서 계좌에 돈이 쌓이는 경험을 해보세요. 그리고, 그 돈으로 투자해서 자산이 점점 늘어가는 경험을 해보세요. 그렇게 되면, 절약은 몸에 배고, 투자는 습관이 될 것이며, 자산은 저절로 늘어갈 수밖에 없습니다.

절약하고 있는데, 돈이 모이지 않을 때는 반드시 절약통장을 만들어 보세요. 그것이 어떤 은행의 통장이든, 저축은행의 통장이든, 증권사 계좌든 아무 상관이 없습니다. 절약하면, 바로 이체시킬 수 있는 계좌이면 됩니다. 물론 내가 주로 사용하는 계좌에 넣어도 되지만, 그렇게 하면, 절약해서 모이는 돈을 구분하기 힘들어서 따로 계좌를 꼭 만드세요. 그리고 절약통장에서 모은 돈을 건드리지 말아야 합니다. 절약통장에 모은 돈을 계속 다른 곳에 소비한다면, 절약통장은 있으나 마나 한 것이겠죠. 이렇게 한번 만들어 보세요.

1. 자주 거래하지 않는 은행의 계좌
2. 인터넷뱅킹을 신청하지 말고, 통장으로만 거래할 수 있는 계좌
3. 이체나 출금이 최대한 불편하게 만든 계좌

절약통장은 돈을 모아야 의미가 있습니다. 모으기만 해서도 의미가 없습니다. 모은 돈이 투자로 이어져야 의미가 생깁니다. 물론 투자해서 무조건 수익이 생기지는 않습니다. 손실도 생길 수 있죠. 필자가 글을 쓰는 이유는 투자로 이어져서 수익을 만드는 것까지 알려드리기 위함입니다. 따라서 절약통장에 모인 돈은 웬만해서는 뺄 수 없는 통장으로

만드는 것이 핵심입니다.

정리해봅시다.

1. 절약통장을 만듭니다. 이체와 출금이 최대한 힘들게 만듭니다.
2. 절약합니다.
3. 절약하는 즉시 돈을 절약통장으로 이체합니다.
4. 일정한 금액을 모으면, 투자 계좌로 옮깁니다.

절약이 투자로 이어지는 첫걸음입니다.

절약이 투자로 이어질 수 있나요?

절약하는 것이 투자로 어떻게 이어질 수 있나요?

절약을 한다는 것은 돈을 아낀다는 뜻과도 같습니다. 아껴진 돈은 어디엔가 모이겠죠. 필자는 그 어디엔가를 절약통장을 만들어서 저축하는 것을 추천해드렸고요. 그렇다면, 모인 돈을 건드리지 마세요. 얼마까지 모이면, 투자할 수 있는 금액이 될지는 정할 필요는 없습니다. 왜냐하면, 그 기준은 각자 천차만별이기 때문입니다. 누구에게는 10만 원이 될 수도 있고요. 또는 100만 원이 될 수 있습니다. 그래서 금액을 정하기보다는 기간을 정하는 것이 좋습니다. 예를 들면 한 달에 한 번 날짜를 정해서 절약통장에 있는 돈을 인출해 투자통장으로 옮기는 것입니다. 그렇게 되면, 절약통장에 쌓여 가는 돈이 얼마인지 확인해보지 않아도 됩니다. 확인하지 말라고 하는 이유는, 통장에 얼마의 돈이 쌓여 있는지 눈으로 확인하게 되면, 반드시 그 정도의 돈을 쓸 곳이 생겨납니다. 무조건 생겨납니다. 사람이란 그렇습니다. 그러므로 통장에 얼마가 있는지 알지 못해야 합니다. 한 달에 한 번 날짜를 정해서 그날 실행해야 합니다.

절약이 투자로 이어지려면 돈을 잘 모아야 합니다. 잘 모으는 과정이 쉬워지면, 투자는 저절로 되는 것입니다. 물론 투자의 과정도 그리 쉬운 일은 아닙니다. 하지만, 돈이 모이지 않으면 투자도 없는 것이지요.

필자가 상담하는 사람들 대부분이 모으는 과정을 하지 못합니다. 절약은 상당히 잘합니다. 하지만, 절약한 돈을 모으지 못합니다. 돈을 모을 수 있는 능력이 있다고 해도, 참고 참아서 투자통장으로 들어가지 못하고, 다른 곳에 소비해버립니다. 10명 정도 상담하면서 이 방법을 알려주면, 결국 실행하고 있는 사람은 1명이 될까 말까입니다. 아예 처음부터 이 방법에 동의하지 않은 사람은 제외하고 말입니다. 방법을 알려주고 매우 좋은 방법이라는 말을 스스로 했음에도 돈을 모으지 못합니다. 이런 사람도 있었습니다. 1,000원, 2,000원 아끼고 모은다고, 부자 될 수 없다고 말하는 사람 말입니다. 어찌 보면 그 말도 틀린 말은 아닙니다. 적은 돈을 모아서 큰돈을 만드는 것은 어렵고 힘든 일이지요. 하지만, 생각해보세요. 적은 돈을 모으지 못하는데, 큰돈을 모을 수 있을까요? 적은 돈도 투자하지 못하는데, 큰돈을 투자할 수 있을까요? 필자는 아니라고 생각합니다. 오히려 투자 습관 없이 큰돈을 한 번에 투자하는 것은 매우 위험한 행동입니다.

꼭 기억하세요. 절약이 투자로 이어지려면, 절약한 돈을 모아야 합니다. 그 돈은 투자로만 이어질 수 있도록 다른 곳에 소비하면 안 됩니다. 이것만 지키셔도 매우 훌륭한 투자자가 될 수 있는 조건을 갖추신 것입니다.

절약을 즐겁게 할 수 있나요?

Q 절약하려는데 스트레스가 많이 쌓여요. 즐겁게 할 수 있는 방법이 없을까요?

모든 일에는 상호작용이 성립합니다.

물리학에서 상호작용은 물체가 서로 밀거나 끌어당기는 것과 같이 자연에 존재하는 물질들이 서로 움직임에 영향을 주고받는 과정을 말합니다.

절약을 하는 것은 절약을 통해 돈을 모으려고 하는 것입니다. 돈을 모으는 이유는 지금 소비할 수 있는 것을 참고, 미뤄두었다가 미래에 소비하기 위한 것입니다. 참고, 미뤄두는 일은 스트레스가 쌓이는 일입니다. 힘들고, 어려운 일입니다. 필자가 생각하는 즐겁게 할 수 있는 방법도 분명히 도움이 되지 않을 것입니다. 왜냐하면, 많은 사람을 상담하면서 이야기해봤지만, 결국 도움이 되지 않았기 때문입니다. 그럼에도 불구하고 알려드리겠습니다.

절약을 통해서 우리는 미래에 더 큰돈을 만들 수 있습니다. 예를 들어 지금 사고 싶은 자동차가 있는데, 그것을 사지 않고 그 돈을 투자해서 나중에 자동차를 2대 살 정도가 된다면 어떨까요? 그 누구도 자동차를 사지 않을 것입니다. 이런 행복한 상상은 절약하는 데 더욱 힘쓰게 만듭니다. 소비의 즐거움에서 투자의 즐거움으로 바뀌는 과정입니다. 자동차를 사서 자기만족을 하고, 다른 사람들에게 보여주고 싶은 즐거움을 버리고, 절약해서 투자한 후 미래에 자동차 2대를 갖는 즐거움이 더 커질 수 있다는 것입니다.

어떠세요? 역시 도움이 안 되죠?

여기서 말씀드리고 싶은 것은 딱 한 가지입니다. 절약이 나에게 도움이 된다면, 반드시 해야 한다는 것입니다. 돈을 모은다는 것은 분명 스트레스가 쌓이는 일입니다. 당장 소비해야 할 돈을 쓰지 않고 모으기 때문이죠. 이제는 조금 생각을 바꿔보는 것은 어떨까요? 소비의 기쁨도 좋지만, 투자의 기쁨을 느껴 봅시다. "나 오늘 가방 하나 샀는데, 어때?"라는 말도 좋지만, "나 오늘 삼성전자 1주 샀는데, 분기마다 배당도 준대"라는 말이 우리 생활 속에서 아무 거리낌 없이 주고받을 수 있는 대화가 되는 그런 삶으로 변화시켜 봅시다. 그러면 아마도 절약하는 일이 고통스럽지만, 나를 위해 할 만한 일이 되지 않을까 생각해봅니다.

한 번 사는 인생, 절약 말고 즐기는 것은 어떨까요?

> Q 젊은 시절의 시간은 돌아오지 않잖아요. 절약보다는 즐기고 싶어요.

맞습니다. 젊은 시절의 시간은 돌아오지 않습니다. 젊은 시절에만 할 수 있는 일이 있는 것도 맞습니다. 하지만, 절약을 한다고 이 일들을 하지 못할까요? 그렇지 않습니다. 오히려 절약을 통해 이 일들을 할 수 있게 됩니다. 많은 사람이 지금 하고 싶은 일을 못 하는 것을 평생 할 수 없는 일로 생각해버리는 경우가 있습니다. 아닙니다. 지금 하고 싶은 일을 조금 미뤄두면 이후에 더 좋은 상황으로 그 일을 할 수 있습니다.

예를 들어 볼게요. 여행을 좋아하는 분들이 많아서 여행에 관한 이야기를 해봅시다. 주위의 친구들이 해외로, 또는 국내 고급 호텔로 여행간 사진과 기록을 각종 SNS에 올립니다. 그것을 보자니 나는 뒤처지고 있다는 생각이 듭니다. 그래서 무리해 대출받아서라도, 카드 결제해서 여행을 계획하고 실행합니다. 그렇게 되면, 결국 그 여행의 비용은 모두 부채로 남게 됩니다. 소비가 부채로 이어지는 것은 계획하지 않았다는 것이기도 합니다.

이렇게 계획 없이 부채를 늘리기보다는 투자를 통해서 얻은 이득으로 여행을 계획해보는 것은 어떨까요? 바로 연금저축펀드를 시작하는 것입니다. 여행은 1년 뒤로 잠시 미뤄두는 것입니다. 1년 동안 연금저축펀드를 400만 원을 저축하면, 세액공제로 66만 원을 되돌려 받게 됩니다. 1년만 여행을 미뤘는데 66만 원의 이득으로 여행을 계획할 수 있는 것이죠. 연금저축펀드와 함께 IRP계좌를 만들어 300만 원을 저축하면 49만 원을 세액공제로 되돌려 받게 됩니다. 1년 동안 연금저축펀드+IRP=700만 원의 저축을 했는데 수익, 손실과는 별개로 66만 원+49만 원=115만 원을 받게 됩니다. 이 돈으로 1년 동안 계획했던 여행을 떠나 보는 것은 아주 큰 의미가 있습니다. 소비는 계획적으로 해야 하고, 부채로 남지 않아야 합니다. 결국 그렇게 되려면 절약이 필요합니다. 이번 챕터의 절약 키워드는 '미뤄두기'입니다. 잠시 미뤄두고, 좀 더 좋은 조건에서 소비하자는 것이지요.

오늘을 사는 인생이라는 말에 동의합니다. 오늘을 산다는 것은 내일을 향해 산다는 것도 포함되는 것이고, 과거를 통해 오늘을 사는 것이기도 하지요. 현재가 과거와 미래를 모두 포함하고 있는 단어라는 것입니다. 과거가 없다면 현재가 없고, 현재가 없다면, 미래도 없습니다. 자산을 늘리려고 하는 '자산증식'이라는 단어도 마찬가지입니다. 절약이 없는 저축은 없으며, 투자가 없는 자산증식은 없습니다. 결국 자산증식을 위해서는 절약, 저축, 투자가 순차적으로 계속 순환해야 합니다. 3가지 모두 습관화시켜야 자산증식이라는 결과를 매일매일 얻을 수 있습니다.

조금만 미뤄 보세요. 그리고 미루기만 하지 마시고, 그것에 대한 계획을 세워 보세요. 그다음에 소비를 부채로 연결하지 말고, 소비하기 위해 돈을 모아 보세요. 모은 돈으로 소비하는 습관을 만들어 보세요. 글로 표현하자니 참 어려운 말이지만, 한번 해보면 알게 됩니다. 이런 선순환이 결국 나의 자산을 복리의 마법으로 계속 늘려준다는 사실을 말이죠.

절약 계획을 세우지 마세요

> 절약을 위해 계획을 세우려 하는데, 어디서부터 시작해야 할지 모르겠어요.

절약을 위해 계획을 세우려고 하는 자세는 참으로 칭찬받아야 할 것입니다. 이런 생각을 하기 시작했다는 것은 당신의 자산을 늘려갈 준비가 되었다는 것입니다. 하지만 절약은 계획을 세울 필요가 없습니다. 아침에 일어나서 세수하고 양치하는 계획을 세우는 사람이 있나요? 물론 태어난 지 얼마 되지 않아서 습관이 되지 않은 아기들에게는 계획이 필요할지도 모르겠네요. 하지만, 다 큰 성인에게는 그런 계획을 세우는 사람이 있다면, 다들 비웃을 것입니다. 습관이 되어 있는 것은 계획을 세우지 않습니다. 절약은 습관이 되어야 하는 것입니다. 계획을 세우고 그것을 지키면서 뿌듯해할 일이 아니라는 것입니다. 일단 모든 것에서 절약하는 습관을 길러 보세요. 예를 들면, 내가 매일 소비하는 것들을 생각해봅시다. 점심 식사, 커피, 과자, 음료, 저녁 식사, 생필품, 교통비

등이 있겠죠. 이렇게 소비하는 모든 것에서 절약하는 것입니다. 그리고 절약하는 즉시 절약통장에 돈을 이체합니다. 이렇게 하려면 신용카드를 쓰면 안 되겠죠. 신용카드는 소비를 부채로 만들어버립니다. 신용카드 대금은 바로바로 결제하는 것이 아니기 때문에 결국 쌓이고, 쌓여서 부채로 한 번에 큰돈을 결제해야 하는 시스템입니다. 따라서 다음 챕터에서 자세히 다루도록 하겠습니다.

매일 소비하는 것에 대해 절약이 습관화되면, 매일매일 절약통장에 돈이 쌓이게 됩니다. 그럼 그 절약통장에 모인 돈으로 투자할 수 있게 되는 것입니다. 매일 소비하는 것이고, 매시간 소비해야 하는 것이기 때문에 이것을 계획하고 지키려고 노력하는 것도 좋겠지만, 무리인 경우가 많습니다. 지칠 수밖에 없습니다. 따라서 그저 습관이 되어야 한다는 이야기입니다. 습관처럼 절약하고 즉시 이체하면, 한 달 생활비는 줄지 않지만, 절약통장에 돈은 쌓여 갑니다. 우리의 목표는 자산증식이지, 한 달 생활비를 줄이는 것에 있지 않습니다. 한 달 생활비를 획기적으로 줄였지만, 자산은 하나도 늘지 않는다면, 말 그대로 헛심만 쓰고 있는 것입니다.

절약의 습관화, 저축의 습관화, 투자의 습관화

이 3가지가 나의 자산을 늘려줄 것입니다.

친구가 절약이 쓸데없는 짓이래요

Q 절약한다고 친구에게 말했더니, "왜 그러고 사냐?"라고 비웃네요. 절약 꼭 해야 하나요?

사람들에게 관심을 받는 일은 멋있는 소비를 하는 것입니다. 예를 들면, 좋은 호텔에서 사진을 찍어서 SNS에 올린다던가, 아무도 모르는 여행지 영상을 찍어서 올리는 일입니다. 사람들이 부러워하는 답글을 달고, 사진이나 동영상을 친구들에게 보여주면 다들 소리를 지르며, 부럽다고 말해줍니다. 그에 반해 절약통장에 모은 돈을 투자하기 위해서 주식을 샀다고 하면, 부러워하거나 소리를 지르는 사람이 몇이나 될까요? 아마 한 명도 없을 것입니다. 이렇듯 절약, 저축, 투자는 혼자만의 싸움입니다. 그 누구도 함께해줄 수 없는 것입니다. 그리고 다른 사람이 대신해줄 수 있는 일이 아닙니다. 당신이 자산을 늘리기 위해서 계속 절약하고 저축하며 투자하는 일을 계속한다고 해서 그 누구도 알아주지 않습니다. 그리고 알아준들 무엇 하겠습니까? 아무도 도와줄 수 없는데요.

절약하는 길은 힘든 일입니다. 쉬운 일이었다면 모두가 절약하고 저축하며 투자해서 부자가 되었겠지요. 어려운 일이기 때문에 돈을 버는 사람은 많아도 그 돈을 불리는 사람은 적은 것이지요. 돈을 불리는 것에 비해서 돈을 버는 것은 상대적으로 쉽습니다. 일을 하면 돈을 벌게 되지요. 그런데 돈을 불리는 것은 어떤가요? 저절로 되지 않습니다. 고통스러운 과정이 필요합니다. 성공하는 경우도 있지만, 실패하는 경우도 있습니다. 실패를 줄여서 성공의 확률을 높여가는 것이 투자입니다. 성공만 하려고 하는 것은 투자가 아닙니다. 그렇게 할 수도 없고, 하는 사람도 없습니다.

절약하고 저축하며 투자해서 자산을 늘리기로 결심하셨기 때문에 필자의 책을 선택하셨겠지요. 그 길을 선택한 것에 대해서 축하하고 응원하는 마음이 있습니다. 하지만, 그 길이 쉽다고 이야기하지는 못하겠습니다. 쉬운 길이 결코 아닙니다. 그러나 이 길을 잘 걸어가서 결과를 만들어낸 후에는 그 누구보다 여유 있고, 플렉스 하는 삶을 살 수 있을 것입니다. 앞 챕터에서도 이야기한 적이 있는 소비를 미뤄두는 것이 절약입니다. 그리고 소비가 부채로 이어지지 않는 것이 절약입니다.

친구들의 삶이 맞고, 틀리고는 자신만이 알겠지요. 왜냐하면 기준이 다르니까요. 내가 절약하는 것이 그 친구에게는 틀릴 수 있습니다. 그것이 무슨 상관이 있나요? 절약하는 것이 나의 삶에 도움이 되고, 나의 자산을 늘리는 데 큰 힘이 되는 것이 중요한 것이 아닐까요?

너무 신경 쓰지 마세요. 다른 사람의 기준에 자신을 맞추려고 하기보다는, 자신의 기준을 다른 사람에게 말하는 사람이 되어보세요. 10년 정도 계속 해내고 있다면, 그 누구도 그것에 대해서 쉽게 말하지 못할 것입니다.

절약의 완성은 습관화입니다

절약이 습관이 되면 좋은 점이 무엇인가요?

1만 시간의 법칙에 대해서 들어 보신 적이 있을 것입니다. 무슨 일이든지 1만 시간을 해내면 전문가의 실력을 갖추게 된다는 것입니다. 1만 시간은 하루에 3시간씩 꼬박 10년이 걸립니다. 그래서 보통 한 직업에 종사하고, 10년을 견디어내면 전문가로 인정받게 됩니다. 물론 10년이라는 시간 속에서 개인적인 노력과 인내의 정도가 각자 다르겠지만 말이죠.

그렇다면 절약을 습관으로 만들기 위해서는 1만 시간이 필요하다고 해봅시다. 10년 동안 절약의 삶을 살면 절약의 달인이 될 수 있다는 것입니다. 하지만 우리가 원하는 것은 절약의 달인이 되는 것은 아닙니다. 절약이 습관으로 정착되면서 얻게 될 이득을 생각해봐야겠지요.

한 달 급여를 200만 원이라고 하고, 10%를 절약해서 투자한다고 가정해 봅시다(2023년 현재 최저시급은 9,620원이고, 최저 월급은 세전 2,010,580원이기 때문에 한 달 급여를 200만 원으로 한 것입니다).

한 달에 20만 원을 절약하고 세제 혜택을 받을 수 있는 개인연금저축펀드계좌에 투자한다고 가정했을 때, 투자 상품이기 때문에 1년간의 수익률은 알 수 없습니다. 하지만 다음 해 연말정산에서 세액공제를 받을 수 있다면 396,000원을 공제받을 수 있습니다.

20만 원 × 12개월 × 16.5% = 396,000원

(근로소득 외 사업소득은 없다고 가정 시)

자료 1-1. 연금저축 세액공제율

현행

□ 연금계좌 세액공제 대상 납입한도

○ 연금저축+퇴직연금

<table>
<tr><th rowspan="2">총급여액
(종합소득금액)</th><th colspan="2">세액공제 대상 납입한도
(연금저축 납입한도)</th><th rowspan="2">세액
공제율</th></tr>
<tr><th>50세 미만</th><th>50세 이상</th></tr>
<tr><td>5,500만 원 이하
(4,000만 원)</td><td rowspan="2">700만 원
(400만 원)</td><td rowspan="2">900만 원*
(600만 원)</td><td>15%</td></tr>
<tr><td>1.2억 원 이하
(1억 원)</td><td rowspan="2">12%</td></tr>
<tr><td>1.2억 원 초과
(1억 원)</td><td colspan="2">700만 원
(300만 원)</td></tr>
</table>

* 2022. 12. 31까지 적용

개정안

□ 세액공제 대상 납입한도 확대 및 종합소득금액 기준 합리화

○ 연금저축+퇴직연금

<table>
<tr><th>총급여액
(종합소득금액)</th><th>세액공제 대상
납입한도
(연금저축 납입한도)</th><th>세액
공제율</th></tr>
<tr><td>5,500만 원 이하
(4,500만 원)</td><td rowspan="2">900만 원
(600만 원)</td><td>15%</td></tr>
<tr><td>5,500만 원 초과
(4,500만 원)</td><td>12%</td></tr>
</table>

출처 : 기획재정부

월 20만 원의 절약만으로 연 40만 원 정도의 수익을 발생시키는 것입니다. 반드시 연금저축계좌에 넣을 필요는 없습니다. 투자 상품에 투자해서 수익을 발생시킬 수도 있으나, 투자에는 언제나 수익만 발생하는 것은 아니므로 연금저축계좌로 예를 든 것입니다.

이렇게 10년 동안 꾸준히 절약해서 연금저축계좌에 적립하고 세액공제를 받는다면 다음과 같이 계산해볼 수 있습니다.

396,000원 × 10년 = 3,960,000원
(근로소득 외 사업소득은 없다고 가정 시)

무려 400만 원 가까운 자금을 생성하게 됩니다. 거기에다가 매달 20만 원씩 10년을 적립한다면 2,400만 원의 원금이 적립됩니다. 물론 투자 상품이기 때문에 원금의 수익도 가능하고, 손실도 가능합니다. 원금의 손실이 없다고 가정하고 수익률도 복리로 계산한다면, 더 큰 금액이 적립액으로 쌓일 가능성도 있습니다.

이렇게 절약의 습관만으로도 큰돈을 모을 수가 있습니다. 매일 또는 매달 꾸준히 행동하는 것이 긴 시간이 지나고 나면 눈덩이처럼 불어나 있는 것을 확인할 수 있습니다. 오늘 하루 아낀 커피값이 매일 모이게 되면 절약의 습관이 되고, 그 습관이 결국에는 좋은 투자로 이어지고, 그 투자의 경험이 나의 자산을 불릴 수 있는 자양분이 되는 것입니다.

처음부터 자산을 쌓아놓고 시작하는 사람들도 있습니다. 그에 반해 0원에서 시작하는 사람들도 있습니다. 오히려 학자금 대출이나 집안의 부채로 마이너스에서 시작하는 사람들도 있고요. 지금 여기서 말하는 습관은 금수저냐, 흙수저냐를 따지지 않습니다. 금수저든, 흙수저든 절약, 저축, 투자를 실천하지 못하면 투자의 시대인 지금을 살아내기 쉽지 않을 것입니다. 절약의 습관화를 반드시 이뤄냅시다!

신용카드 자르고 체크카드 쓰세요

신용카드를 사용해 각종 할인을 받고 있는데, 이것도 절약이죠?

신용카드를 사용해 각종 할인을 받는 것이 절약이라고 생각할 수 있습니다. 그리고 잘만 사용한다면, 한 달에 꽤 많은 금액을 할인받을 수도 있습니다. 그런데 이렇게 생각을 한번 해봅시다. 한 달에 신용카드를 30만 원 이상 사용하면, 3만 원을 할인받을 수 있는 기능이 있다고 생각해보세요. 그럼 30만 원을 쓰면 3만 원 할인받고 27만 원을 쓴 경우가 되죠. 하지만, 거의 30만 원을 딱 맞춰 쓰지 못합니다. 아주 많이 양보해서 35만 원을 썼다고 해보죠. 그럼 35만 원에서 3만 원 할인받은 32만 원을 쓰게 된 것입니다.

이번에는 신용카드를 쓰지 않고, 아무 할인 기능이 없는 체크카드를 썼다고 생각해봅시다. 30만 원을 사용하고, 3만 원을 절약해 절약통장에 바로 이체했다고 한다면, 과연 어떤 방법이 절약이라고 할 수 있을까요?

1. 신용카드 30만 원 사용 시 3만 원 할인
   35만 원 사용 - 3만 원 할인 = 32만 원 사용
   ☞ 절약통장에 쌓인 돈 없음.

2. 체크카드 30만 원 사용, 절약한 3만 원 절약통장 이체
   ☞ 절약통장에 쌓인 돈 3만 원

잘 생각해봅시다. 신용카드의 할인이 절약인지 아니면, 더 많은 소비를 불러오게 되는지 말이죠. 혹자는 신용카드를 30만 원까지만 정확히 쓰면 이득이 아니냐고 합니다. 신용카드는 30만 원을 사용하지만, 대금결제가 짧게는 15일, 길게는 30일 이후에 됩니다. 그렇다면, 30만 원의 부채가 생기게 되는 것이지요. 절약하는 이유는 저축하기 위한 것인데, 오히려 부채가 늘어납니다. 이렇게 한 달 간격으로 계속해서 대금결제가 돌아옵니다. 결국 부채는 계속해서 줄어들지 않습니다.

신용카드는 1개 정도만 만들어 놓습니다. 요즘은 인터넷상에서 결제하는 방법도 많이 쓰는데, 신용카드가 아니면 안 되는 결제도 많습니다. 그런 것을 사용하기 위해서는 어쩔 수 없이 신용카드를 사용해야 하니 1장 정도는 필수로 가지고 있을 필요가 있습니다. 그 외 모든 소비는 체크카드나 현금으로 해야 합니다. 그래야 절약한 금액을 바로바로 절약통장으로 보내서 돈을 쌓을 수 있습니다.

신용카드의 각종 할인제도에 속지 마세요. 할인제도는 한 달 내로 할인받을 수 있는 금액이 한정되어 있습니다. 아무리 할인을 많이 받아도 결코 절약이라고 할 수 없는 금액입니다. 방식도 전혀 절약이 아니고요. 따라서 신용카드에 들어 있는 할인제도를 통해서 절약하는 것은 지양해야 할 방법입니다.

PART

02

저축, 부자가 되는 첫 번째 길

저축은 왜 해야 하나요?

저축해서 부자 된 사람이 없는데, 왜 저축해야 하나요?

욜로(YOLO)
현재 자기 행복을 가장 중시하고 소비하는 태도를 이르는 말로, 'You Only Live Once(인생은 한 번뿐이다)'의 앞 글자를 딴 용어다. 즉, 미래 또는 타인을 위해 희생하지 않고 현재의 행복을 위해 소비하는 라이프스타일이라고 할 수 있다.

(출처 : 네이버 사전)

저축보다는 인생을 즐기며 사는 것이 더 좋다고 생각하는 사람들이 늘어나면서 통장에 저금하는 사람을 꼰대 취급하는 경향도 있습니다. 그리고 저축해서 부자 된 사람을 본 적이 없다면서 절약하고 저축하는 사람들을 비아냥거리듯 조롱하기도 합니다. 하지만 과연 그럴까요?

자료 2-1. 신흥 부자의 부의 원천과 종잣돈 형성 방법

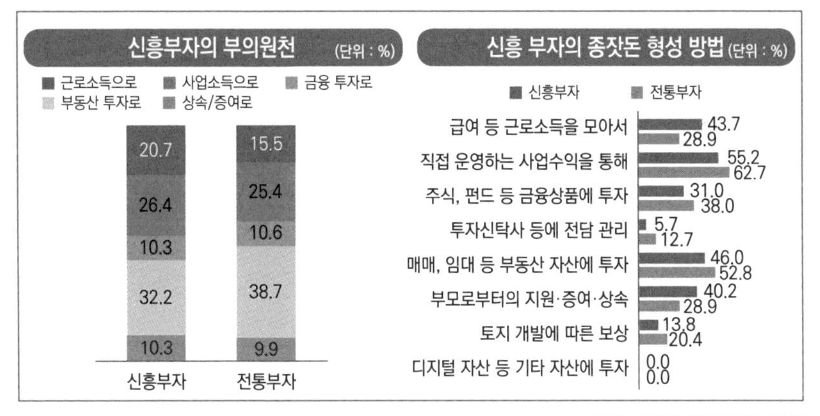

출처 : 2022 KB 부자보고서

신흥 부자와 전통 부자 모두 부의 원천은 근로소득, 사업소득, 금융 투자입니다.

자료 2-2. 종잣돈 이후 자산 증식 방법 및 총자산 구성비

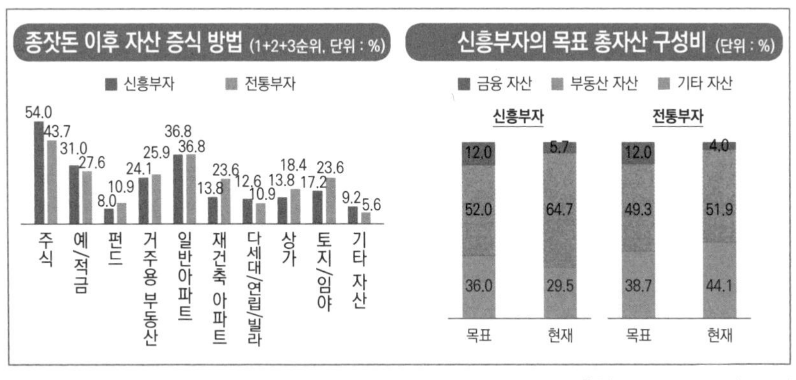

출처 : 2022 KB 부자보고서

종잣돈을 모으려면 저축이 필수겠죠. 그리고 그것을 증식하는 방법도 예적금의 비율이 거의 30% 이상이 됩니다. 총자산 구성비를 보면 금융자산이 30%를 넘고, 결국 부동산 자산과 금융 투자 상품으로 구성된 자산을 보유하려면 예적금이 필수입니다.

부자가 되는 방법은 상속이나 증여를 받는 것이 제일 빠른 길이 될 수 있지만, 부자가 되기 위해서 또는 부자의 삶을 유지하기 위해서는 저축이 필수라는 것을 알 수 있습니다.

그렇다면 왜 우리는 저축을 하지 못할까요?

저축은 매우 수동적인 행위이기 때문입니다.

수동적이라는 것은 의지가 필요하고, 습관이 필요하다는 말입니다. 저축이 저절로 되지는 않죠. 내가 직접 계좌로 이체하는 행위가 있어야 하고, 이체해서 모은 돈을 인출하지 않고 참는 인내라는 행위도 필요합니다. 이 모든 것이 수동적이며, 나 자신을 컨트롤 할 수 없는 사람은 견디기 힘든 행위입니다.

저축합시다. 부자가 되는 첫 번째 길은 결국 저축입니다. 그 이후에 사업, 투자로 이어져야 합니다.

은행, 증권사, 저축은행, 종금사는 다른 거예요?

Q 은행, 증권사, 저축은행, 종금사는 각각 어떻게 다른가요?

예전에는 은행에만 돈을 저축할 수 있었는데, 요즘에는 엄청나게 많은 금융기관이 생겨나고, 시중은행보다 금리도 높아서 돈을 어디에 맡겨 두어야 하는지 행복한 고민을 하게 됩니다. 그렇다면 은행과 증권사 그리고 저축은행, 종금사의 정의와 차이점은 무엇인지 알아봅시다.

은행
예금을 받아 그 돈을 자금으로 해서 대출, 어음 거래, 증권의 인수 따위를 업무로 하는 금융기관. 크게 중앙은행, 일반은행, 특수은행으로 구분한다.
(출처 : 네이버 사전)

은행은 어려서부터 너무나도 친숙한 단어이고, 장소이기 때문에 따로 설명은 하지 않겠습니다. 하지만 요즘에는 직접 은행 지점을 방문하기보다는 스마트폰으로 인터넷 은행을 이용하기 때문에 장소의 의미보다는 오히려 애플리케이션(이하 앱)의 개념이 더 강하지 않을까 싶습니다.

증권사
유가증권의 인수, 매매 및 지방 공공 단체에 대한 금융 따위의 일을 하는 회사. 기획 재정부 장관의 허가를 받아 증권거래소에 등록을 마쳐 설립된다.
(출처 : 네이버 사전)

이제는 은행보다 증권사가 더 친숙합니다. 투자의 시대가 도래하면서 스마트폰에 증권사 앱 하나쯤은 거의 모든 국민이 가지고 있다고 해도 과언이 아닙니다. 증권사에도 여러 종류의 계좌가 있습니다.

주식 거래를 할 수 있는 주식 계좌, 주식 투자하기 전 투자금을 잠시 놓아두는 용도로 쓰이는 CMA계좌, 세제 혜택을 받을 수 있는 연금저축펀드계좌, 개인형 IRP계좌 등이 있습니다. ISA계좌, 선물옵션계좌, 금현물계좌 등도 있지만, 많은 사람이 공통으로 개설하는 계좌는 아니기에 따로 설명은 하지 않겠습니다.

저축은행
1972년에 설립된 지역 금융기관으로 원래 명칭은 상호신용금고였다. 이후 2002년 상호저축은행, 2007년부터는 저축은행으로 명칭이 변경됐다. 예금과 부금·적금 등의 수신업무, 대출·어음할인 등의 여신업무를 한다. 또한, 자금 이체와 내국환업무·보호예수업무·대여금고 및 야간금고·공과금 수납 대행 등의 부대업무를 한다. 일반은행보다 이자율이 높지만, 대출금리도 1~2% 높은 편이다.
(출처 : 네이버 사전)

저축은행은 시중은행보다 이자를 많이 준다는 이유로 많은 사람이 이용하기 시작했습니다. 예전에는 저축은행의 안전성 문제로 예금자보호가 되는 금액 한도 내에서 돈을 맡겼지만, 지금은 우량한 저축은행도 많아서 예전보다는 안심하고 내 돈을 맡길 수 있게 되었습니다.

종금사
기획재정부 장관의 지정을 받아 금융과 관련한 종합적인 업무를 중심으로 운영하는 주식회사. 주로 외자 도입의 주선과 외자의 차입 및 전대, 설비 또는 운전 자금 따위의 투융자, 기업이 발행한 어음의 할인·매매·인수 및 보증, 유가증권의 인수와 모집 또는 매출의 주선, 기업의 경영 지도 따위에 관한 용역, 사채 및 채권 증서의 발행 따위의 업무를 맡아 한다.

(출처 : 네이버 사전)

종금사는 '종합금융회사'의 줄임 말이었으나 지금은 우리종합금융만 남아 있어서 큰 의미는 없다고 할 수 있습니다. 예전에는 종금사가 우후죽순으로 생겼던 시절이 있었지만 거의 문을 닫았습니다.

이렇게 은행과 증권사, 저축은행, 종금사의 차이점을 알아봤습니다. 어디에 돈을 맡겨 둘지는 개인이 선택하는 것입니다. 누군가는 언제든지 돈을 찾을 수 있는 안전한 곳, 또는 이자를 많이 주는 곳이나 투자 상품이 많은 곳을 선택할 것입니다. 이 모든 것이 저축의 시작이고, 투자의 시작이며, 부자가 되기 위한 첫걸음입니다. 만 원짜리 한 장을 맡기더라도 꼼꼼히 알아보고 맡기는 습관을 갖도록 합시다.

어디에 저축해야 할까요?

Q 은행에 저축할까요? 이자 많이 주는 저축은행에 저축할까요? 너무 고민됩니다.

저축할 수 있는 곳이 너무 많은 것도 선택하지 못하는 이유가 됩니다. 행복한 고민이지요. 이렇게 생각해봅시다. 어디에 저축하느냐보다는 얼마나 꾸준히 할 수 있는지를 고려해야 합니다. 무슨 말인지 모르시겠다고요? 요즘은 스마트폰으로 5분도 걸리지 않고 계좌를 만들 수 있습니다. 카카오뱅크나 토스뱅크, 케이뱅크 같은 인터넷은행 앱에서 말이죠. 꾸준히 저축할 수 있는 플랫폼을 찾으세요. 매일 은행에 들러서 돈을 입금하는 것이 좋다면 그렇게 하세요. 매일 은행에 들를 시간이 없다면 스마트폰으로 간단히 이체하는 방법을 선택하세요. 중요한 것은 얼마나 꾸준히, 그리고 편하게 저축할 수 있느냐입니다. 이자를 많이 주고, 짧은 시간에 내 돈을 2배, 3배, 10배로 불려줄 수 있는 상품이 있다면 얼마나 좋겠습니까? 하지만 그런 것은 세상에 없습니다. 저축은 불리기보다는 모아가는 것에 집중하는 것입니다. 저축을 통해 돈을 불리려면 적어도 10억 원 이상은 있어야 합니다. 그래야 연이율 1%로도 1,000만 원의 소득을 발생시킬 수 있습니다. 하지만 우리에게 그런 돈은 당장 없습니다. 그렇다면 10억 원을 만들기 위한 종잣돈을 만들어야 합니다. 종잣돈을 만들기 위해 적은 돈을 10배, 100배로 불릴 수 있는 상품을 찾는다면, 그 적은 돈마저 사라지게 됩니다. 지금 우리는 투자의 초보임을 잊지 마세요.

저축은 계획을 세워야 합니다

저축은 남는 돈으로 해야 하는 것 아닌가요?

매월 고정적인 소득이 발생하는 분들이 있습니다. 보통은 '월급을 받는다'라고 말을 하지요. 또한, 지출도 매달 발생하게 됩니다. 그렇다면 월급날 우리들의 모습은 어떤지 생각해봅시다. 지난달 썼던 카드값으로 월급이 통장에 로그인했다가 고스란히 로그아웃되고 있지는 않나요? 이번 달에는 지인 결혼식으로 축의금이 지출될 텐데, 이미 월급통장은 텅텅 비어서 '현금서비스를 받아야 하나?' 생각하고 있지는 않나요?

이렇게 계획이 없다면 돈은 모이지 않습니다. 돈을 모으기 위해서는 계획이 필요합니다. 월급에서 이미 저축할 금액을 제하고 지출해야 합니다. 그렇게 되기 위해서는 신용카드의 사용을 멈춰야 합니다. 왜냐하면 신용카드는 나의 신용으로 미리 돈을 내는 것입니다. 신용카드를 사용해도 실제로 나의 계좌에서는 돈이 빠져나가지 않습니다. 한 달 사용한 금액을 모두 합쳐서 다음 달 카드 대금 결제일에 청구됩니다. 따라서 계획을 세워도 빠져나갈 카드 대금을 예상하지 못하면 아무 소용이 없습니다.

신용카드에서 체크카드로 변화가 필요합니다. 그리고 체크카드로 지출할 금액을 미리 계획을 세워두고, 정해진 금액 이상은 사용하지 않도록 노력해야 합니다. 그래야 매달 받는 월급에서 저축할 돈을 계획할 수 있게 됩니다.

매월 급여의 30%를 저축하기로 계획을 세워 봅시다. 잘 지킬 수 있을까요? 아마도 꾸준히 지키는 일은 매우 힘든 일이 될 것입니다. 왜냐하면 30%나 저축하는데, 그동안 나에게 체감되는 이득은 거의 없기 때문입니다. 그래서 필자는 이렇게 저축을 시작합니다. 각 통장에 이름을 붙여두는 것입니다. 예를 들어 보겠습니다.

- 제주도 여행 통장 : 100만 원
- 노트북 구입 통장 : 200만 원
- 긴급자금 통장 : 매월 5만 원
- 연금저축 통장 : 매월 30만 원

매월 적립할 금액이 적힌 통장은 그대로 매월 꾸준히 적립합니다. 그와는 다르게 금액만 적힌 통장은 절약할 때마다 넣어도 되고, 매월 적당한 금액을 꾸준히 넣어도 됩니다. 단, 제주도 여행통장에 100만 원이 모이면, 바로 비행기표를 예약하고, 숙소를 잡아서 제주도로 떠나는 것입니다. 모이면 바로 지출하는 것이지요.

이렇게 이름을 붙여두면 동기부여가 됩니다. 그리고 남은 금액을 알 수 있기 때문에 끝이 보입니다. 물론 연금저축이나 긴급자금 통장은 계속 적립하고, 필요에 따라서 사용할 수 있는 통장이기 때문에 끝이 보이는 것은 아닙니다. 하지만 이렇게 미리미리 예비해놓으면 급하게 지출해야 할 때 대출받거나 현금서비스를 받지 않아도 됩니다.

또 한 가지 방법은 보험을 활용하는 방법입니다. 보험에 가입해서 보험료를 내고 시간이 흐르면 '해지환급금'이라는 것이 쌓입니다. 변액보험(펀드에 투자되는 보험상품)에 가입하게 되면, '중도 인출'이라는 방법으로 활용을 할 수도 있습니다. 뒤에 보험 파트에서 자세히 다루겠지만, 이런 방법도 있다는 것을 알아두세요.

결론적으로, 저축은 남는 돈으로 하는 것이 절대로 아닙니다. 그렇게 생각하고 계획한다면, 저축할 돈은 평생 생기지 않습니다. 저축통장에 이름을 붙여서 미리미리 준비하고 예비해놓으면, 매월 급여에서 가장 큰 비중을 차지하고 있던 지출항목이 점점 줄어들고 저축, 투자 항목이 늘어나는 것을 경험할 수 있게 됩니다.

모으기만 할래?
이자도 받을래?

예금금리 4%보다 적금금리 5%가 좋은 거죠?

자료 2-3. 고금리 적금 검색 결과

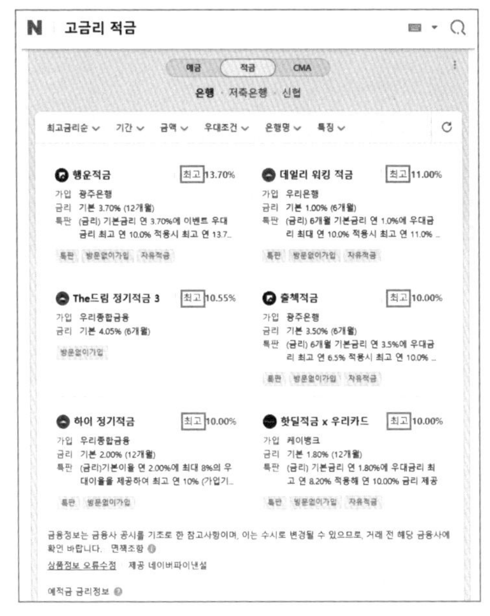

출처 : 네이버

앞의 자료 2-3을 보면, 금리 앞에 최고라는 단어가 붙어 있습니다. 이것은 기본금리에 우대금리를 최고로 적용했을 때 받게 되는 금리입니다. 따라서 최고 10%라는 단어에 현혹되어서 적금에 가입하고, 적금 만기가 되어서 받게 되는 이자를 확인하면 큰 실망을 하게 됩니다.

그리고 예금금리와 적금금리는 의미가 같은 것 같지만 다르다고 봐야 합니다. 왜냐하면 예금은 자유롭게 입출금을 할 수 있지만, 적금은 매달 적립하는 금액도 정해져 있고, 보통 1년 또는 2년 같이 적립 기간이 정해져 있거나, 300만 원 한도, 500만 원 한도 등으로 적립할 수 있는 한도가 정해져 있는 게 대부분입니다. 따라서 적금금리는 보통 쓰인 금리에서 반을 나누면 됩니다. 예를 들어 보겠습니다.

적금을 1년 동안 매달 10만 원씩 적립, 금리 10% 가입

10만 원×12개월(1년)×10%(금리) = 12만 원(이자)

하지만 실제로는 12만 원이 아닌 55,000원 정도의 이자를 받게 됩니다.

자료 2-4. 이자 계산기에서 적금 이자 계산 예시

이자 계산기

적금 예금 대출 중도상환수수료

월적립액	100,000 원 (10만원)					
적금기간	년	개월	1년	연이자율	단리 / 월복리	10 %
이자과세	일반과세	비과세	세금우대			

원금합계	1,200,000 원
세전이자	65,000 원
이자과세(15.4%)	-10,010 원
세후 수령액	1,254,990 원

초기화

월단위로 계산된 이자이기 때문에 일단위로 계산되는 금융기관의 적금이자와는 차이가 있습니다.

출처 : 네이버

왜 이렇게 적금 이자가 줄어드는 것일까요? 그것은 예치하는 기간 때문입니다. 다음의 자료 2-5를 보면, 첫 달에 적립한 10만 원은 1년 동안 예치되면서 약속한 10%의 이자를 받지만, 두 번째 달에 적립한 10만 원은 11개월 동안 예치되면서 약속한 10%의 이자에서 1개월 치의 이자를 덜 받게 됩니다. 그렇게 되면 10%가 아니라 9.16%의 이자를 받게 됩니다. 1년 만기 적금이기 때문에 마지막 달에 적립한 10만 원은 1개월 치의 이자만 받게 되겠죠.

5~8%의 이자를 주는 적금이 출시되면 줄을 서서라도 가입하려는 사람들이 많습니다. '적금 대란'이라고도 표현하는 일이죠. 하지만 결국 받게 되는 이자는 생각보다 크지 않습니다. 물론 돈을 모은다는 의미로는 좋을 수 있지만, 줄을 서고 대기하고 수많은 사람 사이에서 고생하며 가

자료 2-5. 적금이자 계산법

개월 수	원금	이자 적용	금액
1	10만 원	10%×12/12	11만 원
2	10만 원	10%×11/12	10.9만 원
3	10만 원	10%×10/12	10.8만 원
4	10만 원	10%×9/12	10.7만 원
5	10만 원	10%×8/12	10.6만 원
6	10만 원	10%×7/12	10.58만 원
7	10만 원	10%×6/12	10.5만 원
8	10만 원	10%×5/12	10.4만 원
9	10만 원	10%×4/12	10.3만 원
10	10만 원	10%×3/12	10.25만 원
11	10만 원	10%×2/12	10.16만 원
12	10만 원	10%×1/12	10.08만 원
총금액	120만 원	→	126.27만 원
			125.37만 원 (이자소득세 15.4%)

입한 적금치고는 실망감이 클 수 있다는 것입니다.

결론을 내겠습니다. 적금과 예금은 돈을 모으는 장치의 기능으로만 생각합시다. 예금 4%, 적금 5% 이것이 큰 의미로 다가오려면 예치금이 꽤 커야 합니다. 따라서 이제 사회생활을 시작하고 돈을 모아가는 우리 입장에서는 금리보다는 어떻게 모아 갈지에 대해 조금 더 시간을 쏟는 것이 좋습니다.

저축으로 부자 될 수 있어요?

저축해서 부자 됐다고 하는 사람 못 봤어요. 한 달에 10만 원씩 저축해서 내 삶에 변화가 생기긴 하나요?

한 달에 10만 원씩 모아서 1억 원을 모으려면 얼마나 걸릴까요? 계산해봅시다.

1억 원÷10만 원÷12개월 = 83년

네, 맞습니다. 한 달에 10만 원씩 저축해서는 평생 모아도 부자가 되긴 힘들겠네요. 그렇다면 어떻게 해야 할까요? 평생 부자가 될 기회는 우리에게는 없는 것일까요? 일단 종잣돈을 모아봅시다. 1,000만 원을 목표로 모아 보는 것입니다.

1,000만 원÷10만 원÷12개월 = 8년

이 정도는 가능한 계획이죠? 분명히 가능합니다. 한 달에 100만 원씩 모아간다면 10개월 만에 종잣돈을 모을 수 있습니다. 언제나 목표를 세울 때는 실현 가능한 방법이 있어야 합니다. 1억 원 모으기를 목표로 한다고 했지만, 실현 가능한 방법이 없다면 달성하지 못하는 목표를 세운 것입니다.

1,000만 원의 종잣돈이 모였다면 반만 투자 상품에 넣습니다. 나머지 500만 원은 파킹통장에 넣어둡니다. 그리고 새로운 종잣돈 모으기 통장을 만들고 시작합니다. 이제부터는 멀티태스킹이 조금씩 되어야 합니다.

500만 원은 투자 상품에 넣었는데, 어떻게 넣는지는 뒤에 투자 파트

자료 2-6. 복리 계산기

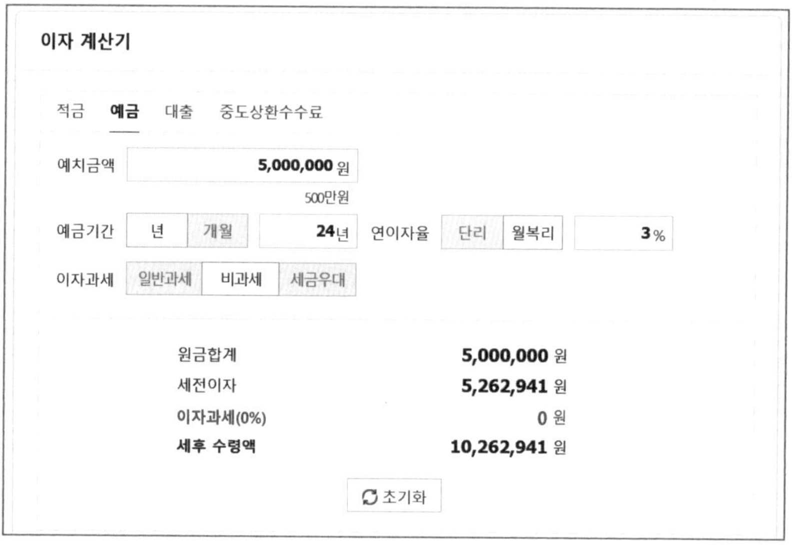

이자 계산기

적금 **예금** 대출 중도상환수수료

예치금액	**5,000,000** 원 500만원					
예금기간	년	개월	**24**년	연이자율	단리 / 월복리	**3** %
이자과세	일반과세	비과세	세금우대			

원금합계	**5,000,000** 원
세전이자	**5,262,941** 원
이자과세(0%)	**0** 원
세후 수령액	**10,262,941** 원

초기화

출처 : 네이버

에서 자세히 다루도록 하겠습니다. 500만 원이 복리로 매년 3%씩 수익을 내게 된다면, 2배가 되는 시점은 언제일까요? 24년입니다.

스마트폰이 있으니 언제든지 쉽게 검색해서 계산할 수 있지만, 더 쉬운 방법이 있습니다. 바로 72법칙입니다.

72의 법칙(The Rule of 72)
72를 연간 복리수익률로 나누면 원금이 2배가 되는 기간과 같아진다는 법칙이다. 알버트 아인슈타인(Albert Einstein)은 '복리야말로 인간의 가장 위대한 발명'이라고 하면서, 원금을 2배로 불리는 기간을 복리로 계산하는 이 계산식을 제시했다. 복리란, 매월 원금과 이전에 발생한 이자에 이자를 더해주는 이자 지급 방식이다.

원금이 2배가 되기까지 걸리는 시간(연수) = 72/수익률(%)

(출처 : 네이버 사전)

쉽게 설명해서 72에서 복리수익률을 나누면, 원금이 2배가 되는 시간을 계산할 수 있습니다. 예를 들어 현재 100만 원을 연간 복리수익률 3%로 투자해놓았다고 하면, 100만 원이 200만 원이 되는 데 걸리는 시간은 24년이 됩니다.

72/3(%) = 24년

24년 동안 원금이 2배가 되었습니다. 매년 이것을 반복한다면 누구나 부자가 될 수 있습니다. 여기서 제일 큰 변수는 매년 3%의 투자 수익률을 기록해야 한다는 것입니다. 한 번은 3%가 아니라 10%도 가능할 것입니다. 하지만 꾸준히 20년 이상 매년 3% 이상의 투자 수익률을 올리는 것은 매우 어려운 일입니다.

매달 일정 금액을 저축하고 종잣돈을 만들고 투자하는 일을 계속 반복해 나간다면 결국 부자가 될 수 있습니다. 저도 이렇게 행동하고 있습니다. 뜬구름 잡는 이야기가 절대로 아닙니다. 해보세요. 20년 동안 꾸준히 하는 것이 힘들지, 매년 반복하는 일은 힘들지 않습니다. 많은 사람이 '20년 동안 반복'을 못해서 부자가 되지 못합니다. 부자가 되는 길은 어렵지 않습니다. 하지만 누구에게나 허락되는 일은 아닙니다. 물론 운도 따라줘야 합니다.

달러로 저축한다던데요?

달러로 저축하기도 하던데 뭐가 좋은 거예요?

달러로 저축을 할 수 있습니다. 먼저 왜 달러로 저축해야 하는지를 알아야겠지요. 달러는 기축통화이기 때문에 달러를 보유해두는 것만으로도 수익을 만들어낼 수 있습니다.

기축통화

국제 간의 결제나 금융거래의 기본이 되는 통화다. 1960년대 미국의 트리핀(Triffin) 교수는 당시 기축통화로 미국의 달러화(貨)와 영국의 파운드화(貨)를 들었다. 현재 기축통화로 취급되는 통화는 미국의 달러화다. EU의 유로화, 중국의 위안화 등이 기축통화 후보로 거론되기도 하지만, 신뢰도와 사용도 면에서 달러화에 크게 미치지 못하고 있다.

(출처 : 네이버 사전)

그렇다면 달러를 보유하기만 하면 무조건 수익을 얻을 수 있을까요? 그렇지 않습니다. 환차익이 발생하면 수익을 얻지만, 환차손은 손실을 얻습니다. 5년간의 원화에 대한 달러의 환율을 살펴봅시다.

자료 2-7. 원화에 대한 달러 환율 5년 차트

출처 : 네이버 금융

5년간의 환율을 보면 최고점이 1,445원입니다. 환율이 오른다는 것은 달러가 비싸지는 것이고, 그것은 반대로 해석하면 원화, 즉 대한민국 통화 가치가 떨어지고 있다고 볼 수 있습니다. 달러가 비싸지는 경우는 여러 가지 이유가 있습니다. 우리가 수익을 발생시키기 위해서는 달러가 쌀 때 샀다가 비쌀 때 파는 방법을 택해야 합니다. 말은 쉽지만, 그 타이밍을 딱 잡아서 달러를 사고팔 수는 없습니다. 왜냐하면 차트를 보면 알 수 있듯이 달러의 변동성의 주기는 매우 깁니다. 적어도 2년 이상 보유해야 합니다.

극단적인 예를 들어 볼게요. 환율차트를 보면 최저점이 2018년 4월입니다. 그리고 최고점은 2022년 9월입니다. 최저점에 사고 최고점에 팔았다고 가정해도 4년을 넘게 보유하고 있어야 합니다. 최저점에 사고 최고점에 팔 수 있는 사람도 없겠지만, 무려 4년이라는 시간을 소위 말해 묻어두고 기다려야 합니다. 결코 쉬운 일이 아닙니다.

그렇다면 우리는 어떻게 해야 달러를 보유하고 수익도 얻을 수 있을까요?

달러 예금도 좋지만, 시중에 나와 있는 달러 예금은 이자율이 매우 낮습니다. 거의 지급하지 않는다고 해도 과언이 아닐 정도로 낮습니다. 또한, 원화를 달러로 환전할 때 또는 반대일 때 환전수수료를 지불해야 합니다. 그래서 필자는 증권사 계좌를 이용합니다.

각 증권사에서는 해외 주식 거래이용자를 위해서 환율 우대 프로그램이 있습니다. 증권사마다 환율 우대 혜택 %는 다르지만, 그래도 일반 달러통장보다는 꽤 괜찮은 혜택을 받을 수 있습니다. 그리고 원화를 달러로 바꾸고, 비교적 변동성이 적은 미국 국채 ETF에 투자해두는 방법도 있습니다.

저축의 완성은 행동

Q 매달 저축하고 싶은데, 남는 돈이 없어요. 그런데 저축은 하고 싶어요. 도와주세요.

저절로 모이고 불어나는 자산은 세상에 없습니다. 그런 자산이 있다면 꼭 저에게 알려주세요. 저도 그렇게 자산을 불리고 싶습니다. 결국 원론적인 이야기를 할 수밖에 없습니다. 돈을 모으고 불리는 일은 매우 수동적이며, 운이 많이 따라줘야 하는 것입니다. 이렇게 이야기하면 많은 사람은 그런 운은 나에게 없다며 수동적인 일마저도 포기해버립니다. 필자는 자신 있게 말할 수 있습니다. 수동적인 행위가 없다면 운은 따라오지 않습니다. 물론 자신도 모르게 찾아오는 운이 있습니다. 그런 운을 만난다면 매우 행복하겠죠. 그리고 그 운을 잘 지켜내서 부자가 될 수도 있습니다. 하지만 그것은 매우 낮은 확률입니다. 우리는 낮은 확률에 기대기보다는 높은 확률에 나의 노력을 투입해야 합니다. 그것이 바로 저축입니다. 저축 앞에는 절약해야 하고요.

매달 저축하고 싶다는 마음을 갖는 것부터가 시작입니다. 마음을 먹었다면 '그다음은 어떻게 행동해야 할까?'가 아닙니다. '이 마음을 어떻게 지켜낼까?'를 생각해야 합니다. 물론 우리에게는 남는 돈이란 없습니다. 돈을 쓸 곳이 무궁무진하죠. 남는 돈이 생기려야 생길 수가 없습니다. 매달 저축하려면 매월 정기적인 수익이 있어야 합니다. 가장 첫 번째는 정기적인 수익을 만드는 것입니다. 이미 있다면, 그 수익에서 저축으로 선입금시킬 금액을 정하는 것입니다. 마음을 먹은 첫 달부터 계획된 대로 잘 실행이 된다면 이미 그 사람은 절약과 저축이 몸에 배어 있는 사람입니다. 하지만 우리는 그렇지 못하기 때문에 첫 달에는 급여의 5% 정도로 시작해봅시다. 5%의 저축도 쉽지는 않을 것입니다. 하지만 두 번째 달은 조금 쉬워지고, 시간이 지날수록 달라지는 나의 모습을 볼 수 있을 것입니다. 5%가 쉬워지면 조금 늘려봅시다. 그렇게 저축을 시작하는 것이죠.

매달 저축하는 마음을 지키기 위해서는 다음과 같이 해야 합니다.

1. 매월 일정한 수입이 있어야 한다.
2. 일정한 수입에서 제일 처음 저축할 돈을 저축통장에 입금시킨다.
3. 신용카드보다는 체크카드로 신용부채를 없앤다.
4. 저축할 금액을 서서히 늘려간다.
5. 목표한 종잣돈이 모이면 저축과 투자를 병행한다.

이렇게 5가지의 순서로 실행해봅시다. 혼자 하는 것이 부담되고 잘 지킬 수 없어 중도 포기하는 경우가 많다면, 함께 시작할 동료들을 찾는 것도 방법입니다. 매월 저축하는 마음을 서로 지켜주는 것이지요. '카톡방을 만들어서 서로 격려하는 것이 무슨 의미가 있을까?'라고 생각할지도 모르지만, 생각보다 큰 힘이 된다는 것을 실제로 해보게 되면 알게 될 것입니다.

월급에서 얼마 정도 저축해요?

지금 받는 월급에서 얼마를 저축해야 잘하는 것일까요?

내가 받는 월급에서 얼마를 저축해야 하는지 기준을 설정해주고, 그대로 따라 하면 저절로 돈이 모이는 가이드가 있으면 참 좋겠습니다. 하지만 우리가 찾는 가이드는 늘 없죠. 그렇다면 우리가 정해봅시다. 필자가 생각하는 기준으로 예를 들어 보겠습니다.

- 20대 : 매월 급여의 50% 이상
- 30대 : 매월 급여의 40% 이상
- 40대 : 매월 급여의 30% 이상

절대적인 기준은 아닙니다. 필자가 임의대로 설정해놓은 기준입니다. 20대에 급여를 받기 시작하는 사람은 무조건 반 이상은 저축해야 합니다. 한 번 사는 인생, 즐기는 시간으로는 20대만큼 좋은 시간이 없죠. 그와 마찬가지로 20대만큼 돈을 모으기 좋은 시간도 없습니다. 왜냐하면 20대의 삶은 40대의 삶보다 책임져야 하는 부분이 상대적으로 적기 때문에, 저축의 비중도 40대보다는 20대 때 클 수밖에 없기 때문입니다.

자료 2-8. 한국인 1인당 경제적 생애주기

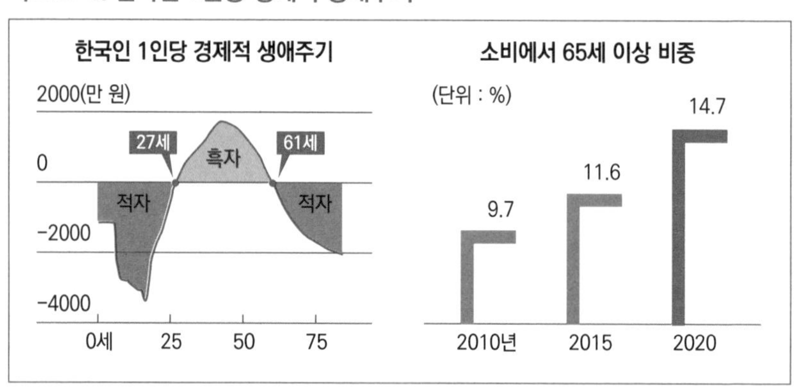

출처 : 황정환 기자, 한국인 '경제 생애주기' 살펴보니…27세 흑자전환 → 43세 절정 → 61세 적자인생, 〈한국경제신문〉, 2022년 11월 29일자 기사, 통계청

자료 2-8을 보면, 27세에 경제적 흑자를 기록하기 시작하는 것을 볼 수가 있습니다. 따라서 27세부터 61세까지 절약, 저축, 투자를 통해 자산을 불려놓지 않으면 60세 이후 노후소득을 확보할 수 없게 됩니다.

그리고 자료 2-8의 오른쪽 차트는 소비에서 65세 이상이 차지하는 비중입니다. 2010년보다 50% 이상 늘어난 것을 볼 수 있습니다. 이것은 한국의 노후 소비가 늘어나고 있다는 것과 노령 연령층이 매우 두터워지고 있음을 알려줍니다. 노후소득에 대한 대비가 되어 있지 않다면 노후 소비도 없다는 것을 명심해야 합니다.

PART

03

투자, 저금리 저성장 시대 필수 조건

투자는 왜 해야 하나요?

> 다른 일로도 너무 바빠요. 거기에다가 투자도 해야 한다고요? 그냥 묻어두고 몇 년 뒤에 열어볼게요. 어떻게든 되겠죠.

굳이 투자를 안 하셔도 됩니다. 절약하고 저축만으로도 돈은 어느 정도 모을 수 있고, 그것을 가지고 한 달을 살아가도 됩니다. 그렇다면 왜 많은 금융인이 투자해야 한다고 말하는 것일까요?

그 이유는 저금리, 저성장 시대에 살고 있기 때문입니다. 이렇게 이야기하면 지금 2023년의 고금리를 이야기하겠지요. 2022년과 2023년은 코로나19로 인한 특이 케이스라고 봐야 합니다. 따라서 논외로 하겠습니다.

우리는 저금리, 저성장 시대에 살고 있습니다. 은행에 돈을 넣어도 1% 이상의 금리를 받기 힘듭니다. 그리고 거의 모든 국가의 성장이 멈춰 있거나 아주 조금씩 성장하고 있습니다. 이유는 하나라고 생각합니다. 승자독식이 이뤄졌기 때문입니다. 세계에서 한 나라의 영향력이 매우 커지면서 그 외 다른 나라들의 성장을 조절합니다. 왜냐하면 다른 나라 중에서 한 나라가 크게 성장하면서 패권이 그 나라로 넘어가게 되는 것을 막기 위함입니다. 그렇습니다. 미국의 이야기입니다. 전 세계가 미국의 영향력 아래 있다고 해도 과언이 아닐 만큼 엄청난 영향력을 행사하고 있습니다. 따라서 저성장은 이미 정해진 미래입니다. 현실이기도 하고요.

이런 시대에 살고 있는데 돈을 모으기만 하고 불리지 않는다면 금융에서도 승자독식이 일어나겠죠. 자본을 많이 가지고 있는 사람이 더 큰 자본을 소유하게 되는 것이 그것입니다. 어떻게 해서든 근로소득을 자본소득으로 바꾸어 가야 합니다. 그렇게 되려면 투자는 필수입니다. 투자는 시작한다고 무조건 수익을 가져다주는 것이 아닙니다. 경험이 필요하고 습관이 필요합니다. 그리고 계속 감시하고 검증해야 합니다.

어떤 사람들은 이렇게 이야기합니다.

"주식 투자 해놓고 앱을 지워버려. 그리고 몇 년 뒤에 열어봐. 이렇게 투자해야 마음 편한 투자를 할 수 있어!"

글쎄요. 과연 이것이 마음 편한 투자일까요? 자기 돈을 운에 맡기는 것 아닐까요? 자본 시장은 그리 호락호락하지 않습니다. 수익의 반대편은 '손실'이라는 단어가 새겨져 있는 동전과도 같습니다. 투자하면서 수익만을 생각하지 않고 손실도 생각해야 하는 이유가 이것입니다.

바쁜 일상을 살고 있습니다. 모두가 그렇습니다. 나만 바쁘고 남들은 여유 있는 삶을 살아가는 것이 아닙니다. 자본가들이 여유가 있어 보이는 이유는 그들은 시간을 컨트롤 할 수 있는 자본을 가지고 있기 때문입니다. 그들의 시간은 매우 압축한 고밀도의 물질과도 같습니다. 같은 시간을 사용하지만, 밀도가 높아서 상대적으로 여유 있어 보이는 것입니다. 하고 싶은 이야기가 무엇인지 말씀드리겠습니다.

마음 편한 투자, 묻어두고 보지 않아도 되는 투자는 세상에 없습니다. 그렇게 하면 모든 것을 운에 맡기는 것입니다. 매주 로또를 사는 것이 더 나을 수도 있습니다. 투자는 힘든 일이고, 매우 수동적인 일입니다. 그리고 습관이 필요하고 꾸준함이 필요합니다. 하지만 누구에게나 열려 있고 기회가 있는 곳이 투자 시장입니다. 스펙이 없어도 되고 남녀 구분, 인종 구분이 없습니다. 투자는 필수입니다. 저와 함께 하나하나 시작해봅시다.

자료 3-1. 만 13~24세 청소년의 결혼관

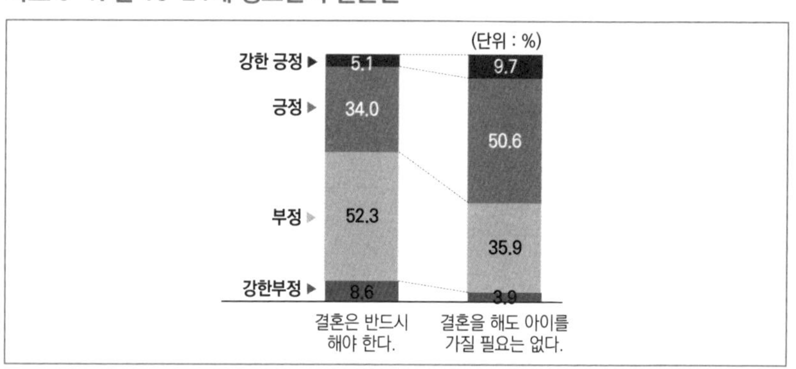

출처 : 임광복 기자, 결혼도 애도 안 낳겠다는 청소년 10명 중 6명 "굳이 해야 되나요", 〈파이낸셜뉴스〉, 2021년 4월 21일자 기사, 여성가족부

청소년의 결혼관도 긍정보다는 부정이 많으며, 결혼해도 아이를 가질 필요는 없다고 생각하는 물음에 부정적 대답을 한 청소년이 36%나 됩니다. 이것은 결혼하지 않고 사는 사람과 결혼한다고 해도 아이를 낳지 않는 부부가 많아질 수 있다는 것입니다.

- 결혼 전 : 매월 급여의 50% 이상
- 결혼 후 : 매월 급여의 30% 이상

따라서 결혼 전에는 매월 급여의 50% 이상을 저축해야 합니다. 이렇게 이야기하면 결혼하지 않을 예정인데, 50% 이상을 저축하는 것이 무슨 의미가 있는지를 묻는 분들이 있습니다. 필자가 만나 보고 이야기를 들어본 50세 이상의 결혼을 하지 않았거나 흔히 말하는 돌싱이 되신 분들의 소비는 절대로 적지 않았습니다. 오히려 동년배의 기혼자보다 소비·지출은 더 클 수밖에 없습니다. 왜냐하면 기혼자들보다 상대적으로 화려한 40대와 50대를 보내기 때문에 이미 소비·지출의 질적, 양적 크기가 매우 커져 있습니다. 그런 상태에서 60세에 퇴직하게 된다고 해서 갑자기 근검절약하는 삶을 살 수 없으므로 오히려 기혼자들보다 더 많은 노후소득을 위해 적립해놓아야 합니다.

투자하면 원금 보장되나요?

투자하면 원금 보장이 안 되죠? 원금 보장이 안 되면 불안해서요.

투자하는 이유는 수익을 내기 위해서입니다. 그리고 내가 가진 돈을 복리로 불리기 위해서입니다. 하지만 은행 예금은 복리 상품이 아닙니다. 따라서 이자에 이자가 붙지 않습니다. 그렇기에 은행 예금은 투자보다는 안전하다는 생각이 드는 것입니다. 맞습니다. 은행의 상품은 예금자보호가 설정되어 있죠.

예금자보호제도
금융회사가 영업정지나 파산 등으로 예금 등을 지급할 수 없는 경우, 예금보험공사가 금융회사를 대신해 예금 등을 지급하는 제도를 말합니다.
(출처 : 법제처 찾기 쉬운 생활법령정보)

무엇이든지 보호가 되어 있다면 그 보호를 위해 돈이 지불되어야 합니다. 보험의 원리와 같죠. 보험 혜택을 받으려면 매월 보험료를 꼬박

꼬박 납부해야 하는 것처럼 말이죠. 눈치채셨나요? 예금자보호도 받으면서 수익도 잘 내주는 상품은 존재할 수 없다는 말을 하려고 앞의 예시를 든 것을 말이죠.

은행에 돈을 맡기게 되면 은행은 그 돈으로 수익을 내기 위해 투자합니다. 보통 채권을 사거나 다른 사람에게 이자를 받고 그 돈을 빌려줍니다. 우리가 맡기는 돈이 은행에 고스란히 보관되어 있는 것이 아닙니다. 은행이 대신 투자해주고 그에 대한 수익을 예금이자로 돌려주는 것이지요. 따라서 그 투자를 내가 직접 한다면 수익을 얻은 만큼 가져갈 수 있겠죠. 하지만 늘 수익이 나는 것은 아닙니다. 손실이 날 수도 있죠. 그것이 두려운 사람은 은행 예금을 하는 것이고, 그렇지 않은 사람은 직접 투자를 하는 것입니다.

원금 보장이라는 프레임에서 벗어나야 합니다. 원금 보장은 수익을 감소시킵니다. 그리고 인플레이션을 고스란히 감당해야 합니다. 예를 들면, 1년 동안 원금 보장되는 예금상품에 넣어두는 동안 인플레이션(물가)이 5% 올랐다면, 내 자산은 1년 동안 5%의 손실을 본 것입니다.

> 100만 원으로 TV를 사려다가 1년 동안 예금에 넣어두기로 한다. 1년이 지난 후 1%의 이자를 받아서 101만 원이 되었지만, 1년 동안 TV의 가격이 5%가 올라 105만 원이 되었다. 1년 전 살 수 있었던 TV는 1년 후 살 수 없다. 내 자산이 쪼그라들었다는 것이다.

저금리, 저성장 시대에서 원금 보장이 큰 이득이 되지 않는다는 것을 보여주는 예시입니다.

손실 없는 투자를 하고 싶어요

Q 투자하고 싶은데, 손실 입을까 봐 두려워요. 어떻게 해야 할까요?

절약을 통해 저축하고 종잣돈이 모이면 조금씩 투자를 시작해야 합니다. 종잣돈을 한 번에 모두 투자해서 수익을 얻게 되면 참 좋겠지만, 투자라는 것이 그렇게 쉽게만 흘러가지 않습니다. 그래서 경험이 필요하고, 어느 정도 운도 필요하며, 습관을 통해 꾸준히 투자하는 것이 중요합니다.

투자는 동전의 양면과 같습니다. 한쪽 면에는 수익이, 다른 쪽에는 손실이 있습니다. 수익만 생각하고 투자해서는 안 되며, 손실만 두려워해서 투자의 기회를 놓치는 것은 안타까운 일입니다. 그렇다면 수익과 손실에 대한 어떤 마인드가 필요할까요? 지금부터 알려드리겠습니다.

결국 중요한 것은 자산의 크기가 불어나는 것입니다.

너무도 당연한 말인데 많은 사람들이 이것을 간과합니다. 수익률만을 목표로 투자하는 사람이 있고, 한 종목에 투자해서 투자금이 2배, 3배 늘어나는 것을 자랑하는 사람도 있습니다. 하지만 그렇게 수익률을 높이고, 투자금이 몇 배씩 늘어나도 자산의 크기가 불어나지 않는다면 아무 소용이 없습니다.

손실은 작게, 그리고 수익은 크게 가져가야 자산이 늘어납니다. 예를 들어 보겠습니다.

어제 매수한 종목이 상한가를 기록했습니다. 30%의 수익입니다.
오늘은 하한가를 기록했습니다. -30% 손실입니다.

100만 원 매수 후 상한가 30% 수익 = 평가금 130만 원
다음 날 하한가 30% 손실 = 평가금 91만 원

분명히 똑같이 30%가 오르고 30%가 내렸는데, 원금 100만 원이 91만 원으로 변했습니다. 이유는 복리 때문입니다. 복리는 수익에만 적용이 되는 것이 아니라, 손실에도 적용이 됩니다. 따라서 수익을 크게 가져가고 손실은 작게 가져가지 않는다면, 결국 원금 손실은 불가피합니다. 그렇다면 수익을 크게, 손실은 작게 가져가는 방법은 무엇일까요?

수익은 크게, 손실은 작게 가져가는 방법
1. 분산 투자
2. 분할매수, 분할매도
3. 리밸런싱

종잣돈이 모인 후에는 분산 투자를 계획해야 합니다. 그리고 한 번에 모든 돈을 투입하는 것이 아니라 분할매수하고, 매도할 때도 분할로 매도해야 합니다. 그리고 일정 시점에서 리밸런싱을 해준다면, 분명 수익은 크게 가져가고, 손실은 작게 가져갈 수 있습니다. 물론 타이밍을 잘 봐서 저점에 사고 고점에 판다면 그것보다 좋은 투자는 없겠죠. 하지만 이런 마켓타이밍을 이용해 투자해서 수익을 얻을 수 있는 사람은 이 세상에 없습니다.

손실 없는 투자는 없습니다. 하지만 손실보다 수익을 더 크게 만들 수 있는 투자는 있습니다. 단, 매우 지루하고 재미없습니다. 그리고 꾸준해야 하고 끈기가 필요합니다. 그러므로 아무나 할 수 있는 방법은 아닙니다.

채권에만 투자해도 되나요?

채권 중에서도 국가가 지급을 보장하는 국채는 안전하잖아요. 그러면 채권 투자만 해도 돈을 불릴 수 있는 거죠?

네, 맞습니다. 채권에만 투자해도 돈을 불릴 수 있습니다. 단, 조건이 있습니다. 종잣돈이 커야 합니다. 이제 막 취업하고 종잣돈을 모아가는 우리에게는 맞지 않는 투자법이겠죠. 채권 투자만 하려면 종잣돈이 커야 하는 이유는 무엇일까요?

일단 채권을 사려면 최소단위가 1,000만 원 정도 됩니다. 종잣돈을 모아서 1,000만 원 정도 채권 하나 사놓고 돈이 불어나길 바라는 것은 무리가 있죠. 물론 10년짜리 채권을 사서 매년 3%의 이자를 받아갈 수도 있습니다. 금리가 떨어져 채권가격이 상승해 차익을 기대할 수도 있습니다. 이 방법에는 사각지대가 하나 있습니다. 투자 경험이 전혀 쌓이지 않는다는 것입니다. 우리가 종잣돈을 모으고 분산 투자를 하고 분할매수, 분할매도와 리밸런싱을 하는 이유는 짧은 시간에 돈을 불리려는 방법이기 때문이 아닙니다. 투자의 경험과 습관, 꾸준함을 기르기 위한 과정입니다. 그 과정을 거친 후 기회가 왔을 때 레버리지(대출)를 일으켜 돈을 크게 불릴 수 있는 상황을 만들기 위함입니다. 쉬운 여정이 아닙니다. 매우 수동적인 행위이고, 거듭되는 실패의 가능성도 있습니다. 하지만 이 시간을 견디고 투자의 경험이 쌓이게 되어서 실력이 된다면, 그것보다 강력한 투자 습관은 없을 것입니다.

채권에 투자하는 것은 이런 투자 습관을 기르기에는 부족한 부분이 많습니다. 매년 3%의 이자를 받는 것, 수익률을 올리는 게 부족하다는 것이 아닙니다. 1년이라는 시간이 그저 흘러가게 두는 것이 부족하다는 것입니다.

종잣돈을 모아서 투자 포트폴리오를 구성할 때 주식과 채권을 함께 넣는 방법도 있습니다. 이때는 소액으로 채권을 사야 하므로 펀드를 이용해야 합니다. 채권과 주식이 함께 들어 있는 펀드를 매수할 수도 있습니다.

명심해야 할 것은 투자의 습관이 만들어져야 한다는 것입니다. 습관이 만들어지기까지 계속 성공과 실패를 거듭하면서 나만의 포트폴리오를 단단하게 만들어가야 합니다. 그래야 기회가 왔을 때를 알게 되고, 그때를 이용해 종잣돈을 크게 불릴 수 있습니다.

한 종목에만 투자해도 되나요?

> **Q** 여러 종목에 분산 투자하기보다는 한 종목에 집중하는 것이 더 수익이 크다는데 한 종목에만 투자해도 되나요?

맞습니다. 한 종목에 집중 투자하는 것이 수익이 큽니다. 수익의 반대편에는 손실이 있다는 것을 반드시 명심해야 하고요. 반대로 생각해 봅시다. 한 종목에 집중 투자했는데, -30%의 하한가를 기록한다면 원금 회복까지는 힘든 여정이 될 것입니다. 내가 모은 종잣돈을 한 번에 다 넣었기 때문에 다음 기회를 얻으려면 다시 종잣돈을 모으기 시작해야 합니다. 시간도 오래 걸리겠죠. 따라서 한 종목에 투자해서 큰 수익을 노리기보다는 안정적인 수익을 위해 분산 투자를 해야 합니다.

필자도 투자한 종목이 상장 폐지되는 경험을 한 적이 있습니다. 그때는 투자를 시작하고 얼마 되지 않은 시점이기 때문에 그저 상한가 가는 종목을 찾기만 할 때였습니다. 결국 드디어 필자가 선택한 종목이 상한가를 기록했습니다. 그다음 날 한 번 더 상한가를 갑니다. 그 이후로는 횡보하다가 어느 날인가 다시 한번 상한가를 갑니다. 그때의 필자는 투자의 신이었습니다. 이런 종목을 고를 수 있는 실력이 있는 사람이었죠. 가진 모든 돈을 그 종목에 투자합니다. 그다음 다음 날 하한가를 갑니다. 소위 말하는 '개미 털기'라고 생각합니다. 돈을 빌려 더 투자하려고 했지만, 돈이 구해지지 않아서 포기합니다. 그다음 날 역시 하한가를 갑니다. 이제 바닥을 다졌습니다. 올라갈 일만 남았다고 생각했습니다. 다음 날 또 하한가를 갑니다. 이상하다는 생각이 처음으로 들었습니다. 부랴부랴 투자한 종목의 기업을 서치해봅니다. 상장이 되고 한번도 흑자를 낸 적이 없는 부실기업입니다. 이때라도 투자금을 빼고 정신을 차렸어야 합니다. 하지만 선택이 잘못되었음을 인정하지 않고, 결국 좋은 기업이 될 것이라는 착각과 믿음을 갖기 시작합니다. 투자금이 반의 반토막이 됩니다. 그제야 인정합니다. 엉터리 투자를 했음을 말이죠. 전량 매도하고 투자의 방법을 찾아서 투자하기 시작합니다. 결국 그 종목은 상장 폐지되었습니다.

이런 이야기를 여러분에게 들려드리는 이유는 무엇일까요? 개인적으로 매우 창피한 스토리입니다. 그런데도 소개하는 이유는 여러분만큼은 이런 경험을 하지 않길 바라기 때문입니다. 경험하더라도 큰 자금이 아닌 소액으로 경험해야 합니다. 그렇기에 분산 투자는 정말 중요하고, 꼭 지켜야 하는 투자 습관입니다. 한 종목에 몰빵 하는 투자는 실력자들이 할 수 있는 것입니다. 우리는 분산 투자하고 변동성을 줄여 꾸준한 수익률을 만들어가야 합니다.

절약 - 저축 - 투자는 한 몸

절약은 안 하고 저축하고 투자하면 안 되나요? 꼭 절약해야 하나요?

절약하지 않고 저축하고 투자해도 됩니다. 절약해야 하는 이유는 습관을 만들기 위함이지, 절약 자체가 목표가 되어서는 안 됩니다.

다음의 자료 3-2는 네이버에서 '생활비 50만 원으로 한 달 살기'를 검색하면 나오는 글입니다. 보통 4인 가족 기준으로 50만 원을 책정한 것이니, 월급을 받아서 혼자만 생활한다면 15만 원 정도 목표로 삼으면 될 것 같습니다. 목표를 세웠다면 방법을 찾아봐야죠. 한 달에 15만 원으로 생활하려면 어떻게 해야 할까요?

1. 식비 : 7,000×22 = 154,000원
2. 교통비 : 2,800×22 = 61,600원

자료 3-2. 생활비 50만 원으로 한 달 살기

N **생활비 50만원으로 한 달 살기**

통합 VIEW 이미지 지식iN 인플루언서 동영상 쇼핑 뉴스 어학사전 지도 ···

누구나집밥 인플루언서 2022.12.18.

생활비 절약.2 (feat. **50만 원으로 한 달 살기**_4인가족)

50만 원으로 한 달 생활하기! 작년까지만 해도 40만 원이었는데, 둘째까지 먹성이 좋아지면서 지출이 좀... **생활비** 구체적으로 1. 매주 12만 5천 원씩만 쓰기 먹거리...

생활비절약.2

50만 원으로 한 달 살기

2

로그 2022.12.19.

[12/12~12/18]주간가계부 12월 셋째주 : 신혼부부 **한달 생활비 50...**

신혼부부 **한달 생활비 50만원 살기** 도전!! **생활비**=식비+생활용품비+여가+미용+의료비(유류비,경조사 제외) [12/12~12/18] 주간 가계부 : 이번주 예산 장보기 50,...

12

[12/26~12/31]주간가계부 12월 다섯째주 : 신혼부부 **한달 생활비 50만원 살기**

[12/19~12/25]주간가계부 12월 넷째주 : 신혼부부 **한달 생활비 50만원 살기**

의 행복한 오늘 2021.11.06.

[1인가구 **한달 50만원 살기**] 10월 변동지출 가계부, 직장인 **한달** ...

미국 **한달 생활비** 얼마? '**50만원으로 한달살기**'. 1달러를 1천원으로 기준을 잡고, 목표는 **한 달**에 $500이하로 지출하는 것. 고정지출 (보험료, 핸드폰 요금 등)은 매월...

21

[1인가구 **한달 50만원 살기**] 8월 변동지출 가계부

재테크 연구 2022.06.22.

한달 생활비 50만원으로 살면서 목돈만들기(+자녀 강제저축)

한달 생활비 50만원 살기2. 목돈(목적자금)만들기3. 자녀 강제저축 이로 인해 아껴지는게 꽤 많았습니다. 첫 번째, 매월 **50만원으로** 살아가는 저만의 가계부 1년 **생**...

8

재테크 연구카페(예금,적금,펀드,보험,CMA,주식... 2022.11.30.

(요술끈) **한달50만원살기** 11/30 수

ㅋ **생활비** 남아서 포함 시켰네요. 배송비까지 30090원 @오늘의 부수입은 1. 하나머니 2100 2. 프레딧 / 루드헬스4종 3. 모상 1000원 4. 별별퀴즈 100 5. 진라면 컵라...

요술끈네
한달50만원살기

10

출처 : 네이버

한 달을 살면서 없어서는 안 될 식비, 교통비를 결정합니다. 물가가 너무 올라서 아주 최소한으로 잡아도 215,600원, 15만 원이 훌쩍 넘었습니다. 식비를 더 줄이기 위해서는 도시락을 준비하는 것도 좋겠네요. 부모님과 함께 거주하지 않고 있다면, 도시락 준비마저도 식비에 포함이 되겠네요. 식재료를 저렴하게 구매하는 방법을 찾아보고 활용해야

합니다. 교통비를 줄이기는 힘들겠죠. 하지만 회사가 가까운 거리라면 대중교통을 이용을 줄이고 걸어서 출퇴근하는 것도 방법입니다.

앞의 방법은 예를 제시한 것이지 절대적인 방법은 아닙니다. 각자 처한 환경에 맞추어서 방법을 만들고 실행해야 목표를 이룰 수 있습니다.

절약하면 자신이 청승맞게 느껴지고, '이렇게까지 살아야 하나?'라는 마음이 들 때가 있습니다. 이럴 때 자신에게 해줄 수 있는 말이 있습니다.

절약의 습관이 부자를 만든다!

절약은 저축을 만들고, 저축은 투자할 수 있게 해줍니다. 결국 이 3가지가 한 몸처럼 이어지고, 습관화되었을 때 부자가 될 기회가 옵니다. 그 기회를 잡기 위해서 절약-저축-투자의 습관을 만들어 봅시다.

분산 투자는 왜 하는 것인가요?

Q 계란을 한 바구니에 담지 말라고 하는데 이유가 무엇인가요?

계란을 한 바구니에 담고 실수로 바구니를 떨어뜨리거나 바구니 위로 무언가 떨어진다면, 내가 가지고 있는 모든 계란이 박살 나게 됩니다. 하지만 여러 바구니로 나누어 담아 놓으면 한 바구니를 떨어뜨려도 손해가 최소화됩니다. 그래서 이것을 투자에도 적용해 한 종목이나 상품에 나의 자산을 모두 넣지 말고 분산 투자하라는 것입니다.

분산 투자를 하는 이유는 변동성을 줄이기 위해서입니다. 변동성을 줄이는 이유는 마음의 안정을 갖기 위해서입니다. 투자 자산은 시시각각 가격이 변합니다. 특히 주식 시장에서의 주식 가격은 매초마다 변합니다. 이것을 견디고 이겨내기 위해서는 변동성을 줄여야 합니다. 나의 자산 평가금이 오늘은 1,000만 원이었다가 내일은 500만 원이라면 견디기 힘듭니다. 물론 투자해놓고 신경 쓰지 않고 묻어두는 전략을 세운다면 그렇지 않겠죠. 하지만 묻어두는 투자 전략은 지극히 운에 자신의 자산을 맡겨두는 것이므로 추천하지 않습니다.

분산 투자를 위해서, 계란을 여러 바구니에 담기 위해서 몇 개의 종목을 고르고 매수해야 합니다. 그때 중요하게 생각해야 할 것은 고른 종목의 상관관계가 적어야 한다는 것입니다. 예를 들어 보겠습니다.

1. 삼성전자
2. SK하이닉스
3. TSMC
4. Micron
5. NVIDIA

이렇게 5가지 종목을 고르고 투자한다면 분산 투자가 아닙니다. 5종목 모두 반도체 관련 종목이기 때문입니다.

이런 실수를 줄이기 위해서 참고할 것을 소개합니다.

자료 3-3. 섹터별로 종목을 살펴볼 수 있는 지도

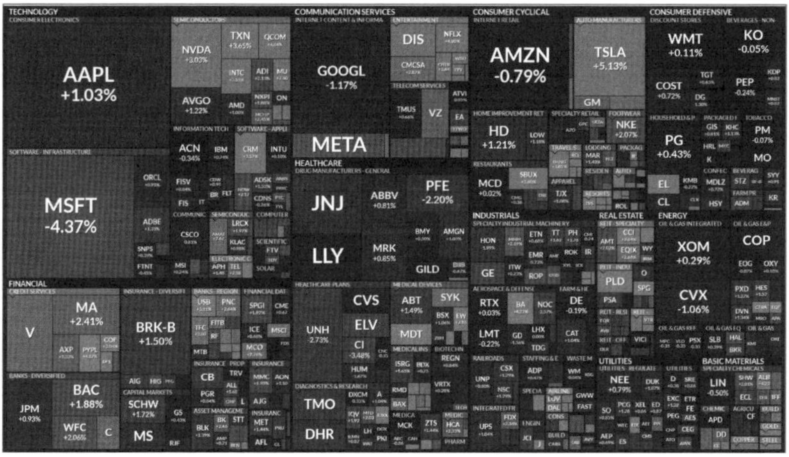

출처 : https : //finviz.com

핀비즈닷컴에서 제공하는 S&P500 지도입니다. 섹터별로 잘 정리가 되어 있고, 주식 가격의 상승, 하락에 따른 색상 표시도 제공하고 있습니다. 지도를 참고해서 상관관계가 적은 서로 다른 섹터에서 한 종목씩 고르는 것이 분산 투자가 가능하게 만들어 주겠죠. 물론 한국 주식도 이런 지도가 있습니다.

자료 3-4. 코스피에 속한 종목을 섹터별로 볼 수 있는 지도

출처 : https : //markets.hankyung.com/marketmap/kospi

종목을 골라서 분산 투자하기 힘들다고 생각하는 분들이 있다면, 지수 ETF를 매수하는 것도 방법입니다.

미국 주식 시장의 대표적인 지수 3가지를 살펴봅시다.

자료 3-5. S&P 500 구성 종목

S&P 500 Companies by Weight

The S&P 500 component weights are listed from largest to smallest. Data for each company in the list is updated after each trading day. The S&P 500 index consists of most but not all of the largest companies in the United States. The S&P market cap is 70 to 80% of the total US stock market capitalization. It is a commonly used benchmark for stock portfolio performance in America and abroad. Beating the performance of the S&P with less risk is the goal of nearly every portfolio manager, hedge fund and private investor.

Components of the S&P 500

#	Company	Symbol	Weight	Price	Chg	% Chg
1	Apple Inc.	AAPL	5.841143	▲ 126.90	1.83	(1.46%)
2	Microsoft Corporation	MSFT	5.577831	▼ 228.25	-11.33	(-4.73%)
3	Amazon.com Inc.	AMZN	2.378902	▲ 86.60	0.78	(0.91%)
4	Berkshire Hathaway Inc. Class B	BRK.B	1.7439	▲ 314.56	4.65	(1.50%)
5	Alphabet Inc. Class A	GOOGL	1.662518	▼ 87.95	-1.17	(-1.31%)
6	UnitedHealth Group Incorporated	UNH	1.513465	▼ 504.75	-13.89	(-2.68%)
7	Alphabet Inc. Class C	GOOG	1.48334	▼ 88.54	-1.16	(-1.29%)
8	Johnson & Johnson	JNJ	1.456616	▲ 180.21	2.02	(1.13%)
9	Exxon Mobil Corporation	XOM	1.369949	▲ 106.85	0.34	(0.32%)
10	JPMorgan Chase & Co.	JPM	1.237832	▲ 136.57	1.45	(1.07%)
11	Procter & Gamble Company	PG	1.121774	▲ 153.05	1.48	(0.98%)
12	NVIDIA Corporation	NVDA	1.114474	▲ 147.47	4.32	(3.01%)
13	Visa Inc. Class A	V	1.059028	▲ 212.61	5.22	(2.52%)
14	Home Depot Inc.	HD	1.009484	▲ 319.50	3.59	(1.14%)
15	Chevron Corporation	CVX	0.966681	▼ 172.14	-1.85	(-1.06%)
16	Mastercard Incorporated Class A	MA	0.919952	▲ 354.66	7.86	(2.27%)
17	Tesla Inc	TSLA	0.906195	▲ 113.54	5.44	(5.03%)

Market Indexes

S&P 500	▲ 3,852.97	28.83	(0.75%)
Nasdaq 100	▲ 10,914.80	52.16	(0.48%)
Dow Jones	▲ 33,269.77	133.40	(0.40%)
Nasdaq	▲ 10,458.76	71.78	(0.69%)

Data Details

The index is constructed using a capitalization weighted index methodology. The market capitalization of each index member is also adjusted by a float adjustment. For additional details see the index methodology reference documentation provided by SP Global below.

Index Methodology

Float Adjustment

Index Documentation

There are 503 symbols due to several companies with two share classes. For example, Google's parent company Alphabet has Class A (GOOGL) and Class C (GOOG) shares in the index.

Index weights as of 01/03/2023.

출처 : https : //www.slickcharts.com

자료 3-6. 나스닥(Nasdaq) 구성 종목

Nasdaq 100 Companies

The Nasdaq 100 company weights are listed from largest to smallest. The index is heavily concentrated with technology companies but also includes companies from other sectors. It is often used as a barometer of the health of the technology sector. The largest twenty companies comprise most of the weight in the index.

Components of the Nasdaq 100

#	Company	Symbol	Weight	Price	Chg	% Chg
1	Microsoft Corp	MSFT	12.592	▼ 228.28	-11.30	(-4.72%)
2	Apple Inc	AAPL	11.759	▲ 126.86	1.79	(1.43%)
3	Amazon.com Inc	AMZN	6.061	▲ 86.65	0.83	(0.97%)
4	Alphabet Inc	GOOG	3.82	▼ 88.55	-1.15	(-1.28%)
5	Alphabet Inc	GOOGL	3.799	▼ 87.94	-1.18	(-1.32%)
6	NVIDIA Corp	NVDA	3.299	▲ 147.45	4.30	(3.00%)
7	Tesla Inc	TSLA	2.751	▲ 113.58	5.48	(5.06%)
8	Meta Platforms Inc	META	2.483	▲ 127.13	2.39	(1.92%)
9	PepsiCo Inc	PEP	2.284	▲ 180.21	0.80	(0.45%)
10	Broadcom Inc	AVGO	2.078	▲ 559.99	6.51	(1.18%)
11	Costco Wholesale Corp	COST	1.854	▲ 456.18	2.90	(0.64%)
12	Cisco Systems Inc	CSCO	1.796	▼ 47.27	-0.29	(-0.61%)
13	T-Mobile US Inc	TMUS	1.598	▲ 142.00	2.96	(2.13%)
14	Adobe Inc	ADBE	1.436	▲ 340.73	3.81	(1.13%)
15	Texas Instruments Inc	TXN	1.376	▲ 168.52	5.31	(3.25%)
16	Comcast Corp	CMCSA	1.374	▲ 36.55	0.98	(2.76%)
17	Honeywell International Inc	HON	1.322	▼ 209.30	-5.00	(-2.33%)
18	Amgen Inc	AMGN	1.286	▲ 264.27	2.62	(1.00%)
19	Netflix Inc	NFLX	1.204	▲ 309.00	14.05	(4.76%)
20	QUALCOMM Inc	QCOM	1.131	▲ 111.30	4.10	(3.82%)

Market Indexes

S&P 500	▲ 3,852.97	28.83	(0.75%)
Nasdaq 100	▲ 10,914.80	52.16	(0.48%)
Dow Jones	▲ 33,269.77	133.40	(0.40%)
Nasdaq	▲ 10,458.76	71.78	(0.69%)

Data Details

There are 101 symbols due to several companies with two share classes. For example, Google's parent company Alphabet has Class A (GOOGL) and Class C (GOOG) shares in the index.

When companies are removed and added to the index the membership list may temporarily show both the removed company and added company.

Index weights as of 12/30/2022.

출처 : https : //www.slickcharts.com

자료 3-7. 다우존스 구성 종목

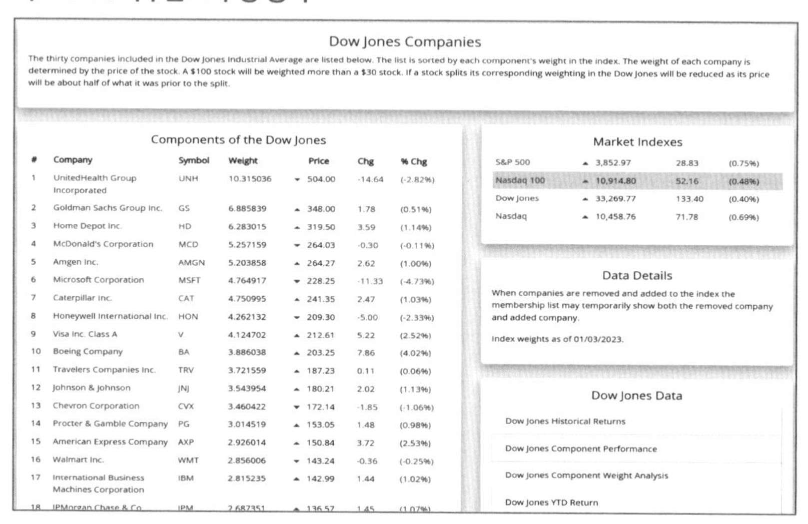

Dow Jones Companies

The thirty companies included in the Dow Jones Industrial Average are listed below. The list is sorted by each component's weight in the index. The weight of each company is determined by the price of the stock. A $100 stock will be weighted more than a $30 stock. If a stock splits its corresponding weighting in the Dow Jones will be reduced as its price will be about half of what it was prior to the split.

Components of the Dow Jones

#	Company	Symbol	Weight	Price	Chg	% Chg
1	UnitedHealth Group Incorporated	UNH	10.315036	▼ 504.00	-14.64	(-2.82%)
2	Goldman Sachs Group Inc.	GS	6.885839	▲ 348.00	1.78	(0.51%)
3	Home Depot Inc.	HD	6.283015	▲ 319.50	3.59	(1.14%)
4	McDonald's Corporation	MCD	5.257159	▼ 264.03	-0.30	(-0.11%)
5	Amgen Inc.	AMGN	5.203858	▲ 264.27	2.62	(1.00%)
6	Microsoft Corporation	MSFT	4.764917	▼ 228.25	-11.33	(-4.73%)
7	Caterpillar Inc.	CAT	4.750995	▲ 241.35	2.47	(1.03%)
8	Honeywell International Inc.	HON	4.262132	▼ 209.30	-5.00	(-2.33%)
9	Visa Inc. Class A	V	4.124702	▲ 212.61	5.22	(2.52%)
10	Boeing Company	BA	3.886038	▲ 203.25	7.86	(4.02%)
11	Travelers Companies Inc.	TRV	3.721559	▲ 187.23	0.11	(0.06%)
12	Johnson & Johnson	JNJ	3.543954	▲ 180.21	2.02	(1.13%)
13	Chevron Corporation	CVX	3.460422	▼ 172.14	-1.85	(-1.06%)
14	Procter & Gamble Company	PG	3.014519	▲ 153.05	1.48	(0.98%)
15	American Express Company	AXP	2.926014	▲ 150.84	3.72	(2.53%)
16	Walmart Inc.	WMT	2.856006	▼ 143.24	-0.36	(-0.25%)
17	International Business Machines Corporation	IBM	2.815235	▲ 142.99	1.44	(1.02%)
18	JPMorgan Chase & Co.	JPM	2.687351	▲ 136.57	1.45	(1.07%)

Market Indexes

S&P 500	▲ 3,852.97	28.83	(0.75%)
Nasdaq 100	▲ 10,914.80	52.16	(0.48%)
Dow Jones	▲ 33,269.77	133.40	(0.40%)
Nasdaq	▲ 10,458.76	71.78	(0.69%)

Data Details

When companies are removed and added to the index the membership list may temporarily show both the removed company and added company.

Index weights as of 01/03/2023.

Dow Jones Data

Dow Jones Historical Returns

Dow Jones Component Performance

Dow Jones Component Weight Analysis

Dow Jones YTD Return

출처 : https : //www.slickcharts.com

S&P 500, 나스닥, 다우존스 지수를 추종하는 ETF를 살펴봅시다.

자료 3-8. S&P 500을 추종하는 ETF SPY

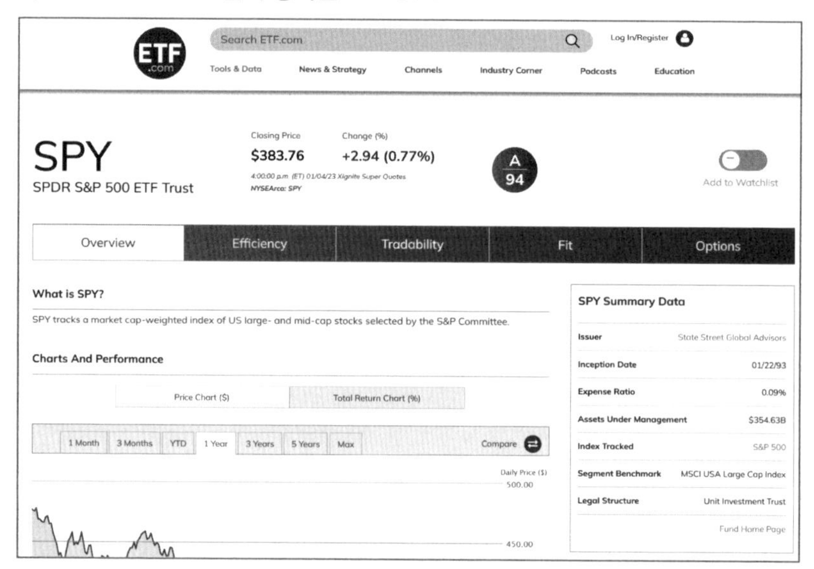

출처 : https : //www.etf.com

자료 3-9. 나스닥을 추종하는 ETF QQQ

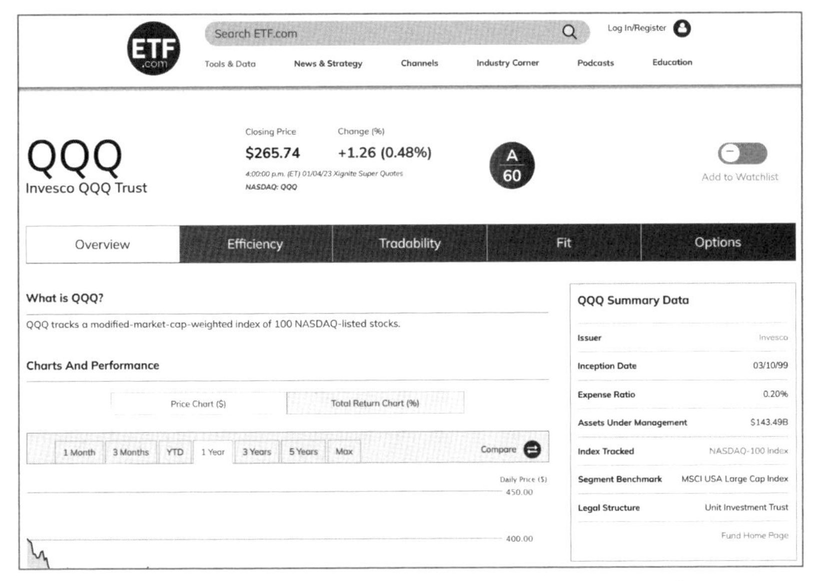

출처 : https : //www.etf.com

자료 3-10. 다우존스를 추종하는 ETF DIA

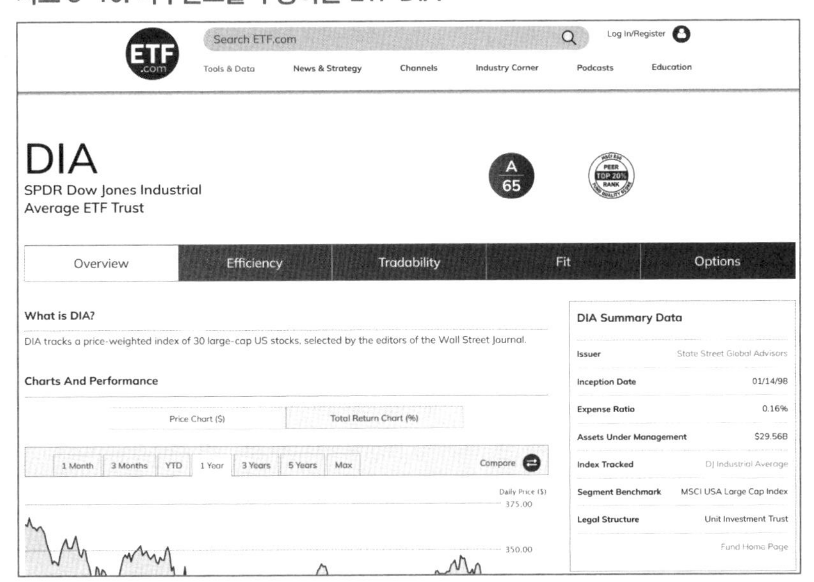

출처 : https : //www.etf.com

한국의 코스피를 추종하는 한국 주식 시장에 상장된 ETF를 매수할 수도 있습니다.

자료 3-11. 코스피를 추종하는 ETF

전체 | 국내 시장지수 | 국내 업종/테마 | 국내 파생 | 해외 주식 | 원자재 | 채권 | 기타

종목명	현재가	전일비	등락률	NAV	3개월수익률	거래량	거래대금(백만)	시가총액(억)
KODEX 200	30,220	▲ 180	+0.60%	30,304	+4.09%	2,027,499	61,406	50,619
TIGER MSCI Korea TR	12,475	▲ 95	+0.77%	12,491	+4.25%	187,144	2,337	20,010
KODEX 200TR	10,125	▲ 60	+0.60%	10,158	+4.14%	9,729	98	19,835
TIGER 200	30,240	▲ 170	+0.57%	30,313	+4.20%	363,271	11,004	19,338
KBSTAR 200	30,385	▲ 240	+0.80%	30,446	+4.06%	2,327	70	11,759
KODEX MSCI Korea TR	9,920	▲ 30	+0.30%	9,953	+4.21%	3,939	39	8,055
HANARO 200	30,220	▲ 105	+0.35%	30,355	+4.15%	2,070	62	5,908
KODEX 코스닥150	9,655	▼ 15	-0.16%	9,685	-2.27%	2,881,660	27,872	5,315
ARIRANG 200	30,780	▲ 210	+0.69%	30,853	+4.20%	4,694	144	5,263
KOSEF 200TR	36,800	▲ 215	+0.59%	36,934	+4.10%	20,458	756	4,655
ACE 200	30,505	▲ 200	+0.66%	30,573	+4.23%	660	20	3,981
KODEX 코스피	23,435	▲ 125	+0.54%	23,454	+3.55%	17,117	402	3,750
KOSEF 200	30,190	▲ 200	+0.67%	30,261	+4.13%	7,882	238	3,170
KBSTAR 코스피	23,525	▲ 60	+0.26%	23,613	+3.53%	171	4	2,258
TIGER 코스피	23,630	▲ 130	+0.55%	23,703	+3.45%	127	3	2,091
SOL 200TR	10,530	▲ 60	+0.57%	10,569	+4.28%	1,294	13	1,990
ARIRANG 코스피TR	11,880	▲ 45	+0.38%	11,931	+3.09%	24	0	1,931
KBSTAR 200TR	15,940	▲ 95	+0.60%	15,980	+4.04%	6,203	99	1,849
HANARO MSCI Korea TR	12,455	▲ 50	+0.40%	12,481	+4.51%	10	0	1,569
TIGER 코스닥150	9,880	▼ 35	-0.35%	9,921	-2.56%	13,307	131	1,498
HANARO 200TR	36,855	▲ 220	+0.60%	36,953	+4.22%	12	0	1,474
KBSTAR 코스닥150	9,590	▼ 20	-0.21%	9,620	-2.54%	6,394	61	1,001
HANARO 200 TOP10	7,260	▲ 15	+0.21%	7,285	-0.28%	12	0	646
파워 200	30,590	▲ 180	+0.59%	30,679	+4.20%	4	0	627
KODEX 코스피TR	10,900	▲ 50	+0.46%	10,932	+3.38%	53	0	458

출처 : 네이버 증권

종잣돈이 적다고 분산 투자를 하지 않는다면, 종잣돈이 커져도 분산 투자를 못 하게 됩니다. 그만큼 투자에서는 습관이 중요합니다. 처음부터 분산 투자하고, 리스크를 관리하는 경험과 습관이 매우 중요합니다.

투자에도 계획이 필요할까요?

Q 투자는 느낌이 올 때 사고파는 것이 낫지 않나요? 샀는데 떨어지고, 팔았는데 오르면 안 되잖아요.

그 느낌을 알 수 있다면 얼마나 좋을까요? 그것을 '마켓타이밍'이라고 합니다. 타이밍을 맞춰서 사고파는 것을 말합니다. 그것을 알 수 있다면 누구나 부자가 될 수 있습니다. 쌀 때 사고, 비쌀 때 팔면 되니까요. 가지고 있는 돈으로 투자할 필요도 없습니다. 왜냐하면 타이밍을 알고 있어서 손실 입을 염려가 전혀 없습니다. 있는 돈 없는 돈 다 끌어모아서, 대출도 최대로 받고, 주위 사람들의 신용까지 싹 긁어서 큰돈을 만들고, 타이밍 맞게 수익 내고 빠지면 됩니다. 이것이 안 되기 때문에 투자에 계획이 필요한 것입니다.

내가 샀는데 떨어지고, 팔았는데 오릅니다. 왜냐하면 주식 투자는 어느 정도 심리가 반영되어 있기 때문입니다. 보통 수익은 기억하지 못합니다. 손실을 더 크게 기억합니다.

주식 시장은 3가지의 흐름이 있습니다.

1. 상승 2. 하락 3. 횡보

2번과 3번을 동일시하므로 손실의 구간이 큰 것입니다. 사실 1년 중에 주식 시장이 상승하는 날은 그리 길지 않습니다. 하지만 그날에 주식 시장에 참여하지 않고 있다면, 결국 내 자산은 계속 녹아내립니다. 하락과 횡보의 시기를 잘 견디고 투자금을 투입해 늘려놓으면, 며칠 안 되는 상승기에 모두 수익으로 바꿔줍니다. 그래서 투자는 계획을 세워야 하고, 매우 이성적으로 판단하고 행동해야 합니다.

1억 원의 종잣돈을 가지고 어떻게 포트폴리오를 구성할지, 투자금 투입은 어떻게 해야 할지 예를 들어 보겠습니다.

자료 3-12. 1억 원 포트폴리오와 투자 계획

투자 원금	₩100,000,000	
현금 보유	₩50,000,000	5% 파킹통장
투자금	₩50,000,000	
6개월 분할매수	₩25,000,000	투자금의 50%

종목	총투자금	한 달 투입자금	비중
삼성전자	₩10,000,000	₩1,666,667	40%
카카오	₩3,750,000	₩625,000	15%
에스티팜	₩3,750,000	₩625,000	15%
테슬라	₩2,500,000	₩416,667	10%
애플	₩5,000,000	₩833,333	20%
합계	₩25,000,000	₩4,166,667	100%

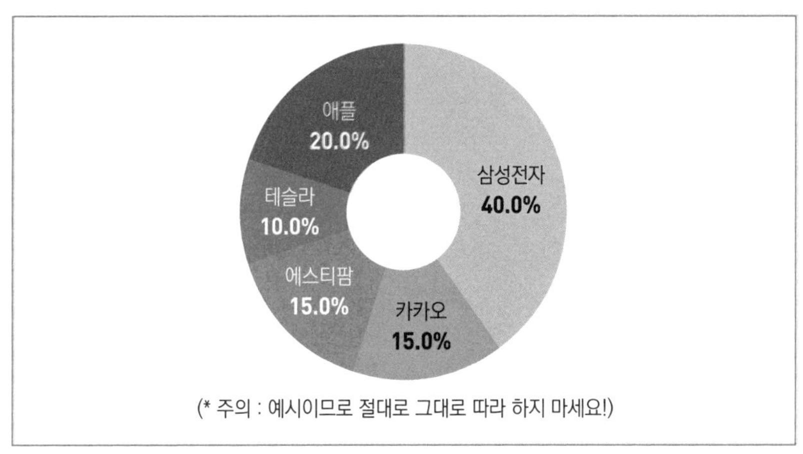

출처 : 필자 작성

투자 원금 1억 원 중에서 50%만 투입합니다. 남은 5,000만 원 중에서 50%만 6개월 동안 투입합니다. 6개월이 지나고 또 한 번 남은 2,500만 원을 6개월 동안 투입합니다.

1년이 흘렀네요. 처음 시작했던 비중과는 많이 달라져 있을 것입니다. 비중이 늘어난 종목은 일부 팔고, 비중이 줄어든 종목은 일부 삽니다. 다시 처음의 비중으로 돌아갑니다. 이것을 반복합니다. 반복하는 동안 새로운 종목도 발굴하고, 한국 주식과 미국 주식의 비중도 늘려보고 줄여봅니다. 이렇게 포트폴리오에 살을 붙이고 국내와 해외의 주식 비중도 적절히 만들어 보는 것이 투자의 습관을 만들고 경험이 쌓이게 하는 것입니다. 이것이 실력이 되고, 결국 좋은 시기가 왔을 때 자산을 늘릴 수 있는 기회를 잡게 됩니다.

이렇듯 투자 계획은 매우 중요한 습관입니다.

투자의 완성은 습관입니다

Q 투자하고 싶은데 정작 월급날이 되면 돈이 다 빠져나가고 투자할 돈이 안 남아요. 어떻게 해야 할까요?

월급이 잠시 우리의 계좌를 스쳐 지나가는 삶을 살고 있습니다. 우스갯소리로 하는 말이지만, 이는 심각한 재정적인 문제입니다. 한 달 열심히 일해 얻은 노동의 대가가 한 달 열심히 소비한 결과로 그대로 헌납되는 꼴입니다. 계속 이대로라면 절약은 둘째치고 저축이나 투자는 꿈도 꿀 수 없습니다.

투자하고 싶다면 습관을 만들어야 합니다. 월급이 들어오자마자 그대로 빠져나가는 것을 막아야 합니다.

> 습관을 만들기 위해서는 방법이 필요합니다.
> 방법을 실행할 수 있는 행동이 필요하고요.

지금부터 바로 실행해야 합니다. 첫 번째는 신용카드를 없애고 체크카드를 사용합니다. 쓸데없는 부채를 줄이는 노력을 시작하는 것입니다. 신용카드는 계속 사용할 수 있습니다. 왜냐하면 내가 가진 신용으로 소비를 하는 것이기 때문입니다. 가장 첫 번째로 이것을 끊어내야 합니다. 내가 월급을 받는 순간, 나에게 부채가 없어야 합니다. 월급을 받은 금액을 나의 의지로 분할할 수 있어야 합니다.

두 번째는 저축할 돈을 가장 처음 이체되도록 만들어야 합니다. 부채가 없는 상태에서 월급이 들어오면, 앞으로 한 달의 지출을 계획할 수 있습니다. 이때 가장 먼저 해야 할 일은 저축할 돈을 미리 떼어 놓는 것입니다. 그래야 나머지 돈으로 고정지출과 소비를 계획할 수 있습니다.

세 번째는 계획한 금액만 소비하는 것입니다. 계획만 하고 늘 적자에 허덕이면 계획을 하는 의미가 없어집니다. 일단 계획한 소비금액이 있으면 그것에 맞춰서 살려고 노력해야 하고, 그 금액 이상의 소비는 하지 말아야 합니다.

아마도 첫 번째 신용카드 쓰지 않기부터 쉽지 않을 것입니다. 왜냐하면 신용카드를 쓰기 시작했다는 것은 이미 부채가 쌓여 있다는 것이고, 이것을 끊어내기 위해서는 부채를 없애는 기간이 적어도 3개월은 걸릴 것입니다. 3개월 동안은 굳이 내가 이렇게 살아야 하나 싶은 생각이 들 수도 있고, 주위에서 청승맞게 산다고 구박을 받을 수도 있습니다. 하지만 이것을 견뎌내고 부채를 끊어낸다면, 우리는 저축과 투자하는 습관을 기를 수 있게 됩니다.

투자의 완성은 습관입니다. 습관 없이는 종잣돈을 모을 수 없습니다.

투자는 어디서부터 시작해야 하나요?

투자하고 싶은데, 어디서부터 시작해야 하는지 모르겠습니다. 증권사는 어디를 선택해야 하는지, 어떤 종목을 사야 하는지, 한 달에 얼마를 투자해야 하는지 알려주세요.

투자해야겠다고 마음을 먹은 것만으로도 매우 훌륭합니다. 하지만 막상 마음을 먹어도 어디서부터 시작해야 할지조차 모를 때는 막막합니다. 누군가가 하나부터 열까지 하나하나 자세히 알려줬으면 하는 마음이 듭니다. 그럼에도 불구하고 무조건 실행해보기를 추천합니다. 그럼 저와 함께 하나씩 실행해봅시다.

1. 증권사 계좌 만들기

일단 어느 증권사를 선택할지 정해야 합니다. 증권사마다 조금씩 차이가 있지만 요즘에는 스마트폰 앱으로도 계좌를 만들고, 주식 거래 수수료를 매우 저렴하게 이용할 수 있기 때문에 증권사 선택에 고민을 많이 할 필요가 없습니다.

자료 3-13. 2022년 국내 증권사 순위

1. 키움증권	2. KB증권	3. 삼성증권
4. 신한금융투자	5. 미래에셋대우	6. 한국투자증권
7. 메리츠증권	8. 신영증권	9. 유안타증권
10. SK증권		

출처 : https://stockstalker.co.kr/securities-firm-ranking/

2. 종목 선정하기

가장 중요하지만, 초보들에게는 중요도가 높지 않은 부분입니다. 투자의 경험이 없으므로 종목을 선정할 때는 내가 좋아하고, 잘 아는 종목을 선택하는 것이 좋습니다. 예를 들면, 자신이 쓰는 스마트폰을 만드는 회사, 또는 업무에 꼭 필요한 소프트웨어를 만드는 회사, 평소에 즐겨 먹는 제품이나 식품을 만드는 회사 등등 말입니다. 3가지 정도의 종목을 정하면 좋을 것 같습니다. 시작은 5종목 이하로 하기를 추천합니다. 그 이상은 종목에 대한 정보를 얻으려면 많은 시간이 걸리기 때문입니다.

3. 투자금 정하기

계좌를 만들었고, 종목도 골랐다면, 투자금을 얼마 정도 투입할지를 정해야 합니다. 몇 가지 예를 들어 드릴게요.

1. 매월 급여의 20% 3종목 분할매수
2. 매월 34만 원씩 연금저축펀드계좌에 납입
3. 매일 1주씩 3종목 주식 사기
4. 매주 10만 원씩 투입
5. 100만 원 모아서 3종목 분할매수

여러분의 급여금액과 상황에 따라서 정하시면 됩니다. 물론 처음부터 자신에게 맞는 완벽한 플랜이 있으면 좋겠지만, 보통 그렇지 못합니다. 계속 실행하면서 자신에게 맞게 조금씩 수정해 나가는 것이 좋습니다. 그래야 투자의 경험도 쌓이고 실력이 됩니다. 그리고 이 3가지는 꼭 지키시기를 바랍니다.

1. 분산 투자
2. 분할매수, 분할매도
3. 리밸런싱

필자가 투자 습관을 형성하면서부터 지금까지 반드시 지키고 있는 3가지입니다. 이것만 잘 지켜서 투자해도 큰 손실을 볼 일은 없을 것입니다.

매달 일정한 투자금을 설정해볼까요?

Q 한 달에 얼마를 투자해야 하는지 감이 안 와요. 10만 원 정도면 될까요?

한 달에 얼마를 투자해야 하는지 정해져 있는 것은 없습니다. 다만 처음부터 너무 큰 금액을 정하게 되면, 결국 꾸준히 투자하지 못합니다. 따라서 처음에는 적당한 비중으로 투자를 시작해서 점점 투자금을 늘려가거나, 주식 시장 상황에 맞게 적절히 투자 비중을 스스로 정해 나가는 것도 방법이겠지요.

일단 지금은 무엇이든지 처음이라고 생각하고 시작해봅시다.

1. 급여의 일정 비율
2. 매월 납입할 금액
3. 매일 만 원씩 절약해서 투자

필자가 추천해 드리는 3가지입니다. 이 중에서 3가지를 선택해서 진행해도 되고요. 2가지를 선택해도 됩니다. 중요한 것은 얼마나 꾸준히 지속할 수 있느냐입니다. 매월 만 원씩 투자해도 됩니다. 그것을 꾸준히 지속할 수만 있다면 말이죠. 하지만 우리가 지양해야 할 것은 처음부터 목표를 크게 잡아서 지속하지 못하고 중도에 포기하는 것입니다.

필자라면 3번을 고르겠습니다. 매일 만 원씩 절약해서 투자하는 목표를 세우고, 방법을 찾습니다. 매일 만 원씩 절약하는 방법을 말이죠.

1. 매일 마시던 커피를 2일은 마시지 않고 투자한다.
2. 핸드폰 요금제의 수준을 한 단계 낮추어 절약 또는 알뜰폰 요금제로 변경해 절약하고 투자한다.
3. OTT 서비스 구독을 중지하고 절약해서 투자한다.
4. 매월 나가는 고정비용 중 절약할 항목을 찾아서 절약하고 투자한다.
5. 매일 만 원씩 절약하기 이전에 급여에서 미리 30만 원을 따로 떼어 놓는다.

이렇게 방법을 구체적으로 고민하고 실천에 옮기기 시작합니다. 그렇게 되면 하루에 만 원씩 절약하는 습관이 길러지게 됩니다. 여기서 주의해야 할 것은 절약한 금액은 반드시 투자 계좌에 입금해야 한다는 것입니다. 많은 사람이 돈을 아끼는 것을 절약으로 생각합니다. 하지만 돈을 아끼는 것만으로는 절약만 하는 것이 되고, 결국 절약을 통해서 하고 싶은 저축이나 투자를 안 합니다. 그래서 절약한 금액을 투자 계좌에 바로 이체시켜야 합니다. 그렇지 않으면 결국 절약한 금액을 다른 곳에 소비하게 됩니다. 그러면 절약의 의미는 없어져 버립니다. 극단적으로 말해서 궁상맞게는 살고 있으나 남는 것이 전혀 없는 삶이 됩니다. 따라서 투자 계좌를 만들고 절약한 금액을 바로 이체시켜야 저축이 되고, 그것으로 투자를 할 수 있습니다.

꼭 기억하세요. 중요한 것은 목표를 달성할 수 있는 방법을 고민하고, 그것을 지속할 수 있도록 실행하는 것입니다.

월급에서 얼마 정도 투자해요?

월급에서 얼마 정도 투자해야 할까요? 지금 월급에서도 남는 돈이 없습니다. 저축하고 투자할 수 있을까요?

월급에서 남는 돈이 없다는 것은 둘 중 하나겠지요. 완벽한 소비계획으로 딱 번 만큼만 소비하고 있거나, 그 반대로 소비계획 없이 지출하고 카드값 등을 그다음 달에 지출해서 남는 돈이 없을 경우입니다. 부디 전자이길 바라지만, 필자가 만나는 대부분 사람은 후자에 가깝습니다.

가장 첫 번째로 해야 할 일은 매달 돌아오는 부채 고지서를 끊어내는 것입니다. 부채 고지서란 카드 대금 명세서입니다. 이것이 매달 날아오고 예상치 못한 지출이 계속되는 한 저축은 먼 나라의 이야기가 됩니다. 월급이 오르지 않고서는 해결되지 않습니다. 하지만 월급이 오르면 그만큼의 금액이 여유자금이 되고, 그것을 저축할 수 있을까요? 그렇지 않습니다. 왜냐하면 습관이 되어 있지 않기 때문입니다. 월급이 오르는 순간, 그 돈으로 다른 소비할 곳을 찾게 됩니다. 월급이 올라도 내 삶이 변하지 않는 가장 큰 이유입니다. 절약과 저축, 투자는 한 몸입니다. 우리 몸에서 팔, 다리, 머리 등을 따로 떼어서 독립적인 개체로 살아갈 수 없듯이 말입니다.

자, 그렇다면 어떻게 해야 할까요? 방법을 찾아봅시다. 가장 첫 번째로 신용카드에서 체크카드로 변경해야 합니다. 그다음은 저축할 돈을 미리 떼어놓고 소비를 하는 것입니다. 마지막으로 절약한 금액을 바로 바로 투자 계좌로 이체시키고, 매월 일정 금액의 투자를 시작하는 것입니다. 이 3가지를 차근차근 실천해보세요. 분명히 돈이 모이고 투자할 수 있게 됩니다.

PART

04

보험, 사고와 재정적 리스크를 막는 대책

보험은 왜 가입해요?

Q 보험은 왜 가입해야 하는지 모르겠어요. 쓸 일도 없을 것 같은데 말이죠.

대한민국 사람이라면 보험에 가입되어 있지 않은 사람은 없습니다. 국민건강보험 또는 소속되어 있는 지방자치단체에도 가입된 보험이 있고요. 직장을 다닌다면 국민연금보험에 가입되어 있고, 직장에서 가입한 단체보험에도 가입이 되어 있습니다. 보험이 하나도 없는 상태인 대한민국 국민은 아마도 없을 것입니다. 이렇게 나도 모르는 사이 가입된 보험이 꽤 많습니다. 왜 그런 것일까요? 맞습니다. 보험의 역할이 매우 중요하기 때문입니다. 많은 분과 상담해보면, 보험의 필요성에 대해서 모르거나, 심지어 보험을 매우 싫어하는 분들을 만나게 됩니다. 그때마다 보험의 필요성과 중요성을 알려드리면, 새롭게 알게 된 정보에 놀라는 분들이 대부분입니다. 보험은 왜 가입해야 할까요? 그리고 가입한 보험은 언제쯤 사용할 수 있을까요?

보험

1. 손해를 물어준다거나 일이 확실하게 이뤄진다는 보증.
2. 재해나 각종 사고 따위가 일어날 경우의 경제적 손해에 대비해서, 공통된 사고의 위협을 피하고자 하는 사람들이 미리 일정한 돈을 함께 적립해두었다가 사고를 당한 사람에게 일정 금액을 주어 손해를 보상하는 제도.

(출처 : 네이버 사전)

보험은 재해나 사고가 일어나는 경우, 경제적 손해를 보상해주는 제도입니다. 따라서 재해나 사고가 일어났을 때 경제적 손해를 모두 커버할 수 있을 재정이 마련되어 있다면, 보험에 가입할 이유가 전혀 없습니다. 예를 들어 보겠습니다.

질병에 걸리는 것이 걱정되어 보험에 가입하고, 질병이 발병했다고 해봅시다. 질병을 치료하는 데 비용이 들어갑니다. 그 비용을 자신이 가지고 있는 돈으로 모두 해결할 수 있었다면, 굳이 보험에 가입하지 않아도 된다는 것입니다. 보험금을 받기 위해 보험에 가입하는 것은 아닙니다. 보험에 가입하고도 보험금을 못 받는 경우가 대부분입니다. 예를 들면, 자동차보험 같은 보험입니다. 자동차보험은 1년마다 갱신하지만, 1년 동안 자동차 사고가 나지 않아서 보험을 사용하지 않았다고 해서 납입했던 보험료를 돌려주지 않습니다. 그리고 자동차 사고가 나지 않은 것은 다행인 것이지, 당연한 것이 아닙니다. '자동차보험 만기가 일주일 남았으니 그전에 자동차 사고를 내어 보험금을 받아야겠다'라고 생각하는 사람은 아무도 없습니다.

이렇듯 보험은 사고로 인한 재정적 리스크를 줄여주는 역할을 하는 것입니다. 보험에 가입하는 것이 당장 금전적 보상이 되거나 저축이 되는 것은 아닙니다.

결론입니다. 갑작스러운 사고나 질병으로 인한 금전적 리스크를 감당하지 못한다면, 그에 대한 보험 가입을 하는 것이 맞습니다.

보험은 저축이에요? 투자예요?

보험도 매월 돈을 납입하는데, 저축인가요? 투자인가요?

결론부터 말씀드릴게요. 보험은 저축도, 투자도 아닙니다. 보험은 온전히 보험으로서 기능이 있는 상품이어야 합니다. 보험으로 저축을 하는 사람도 있고, 변액보험 등으로 투자를 하는 사람도 있습니다. 하지만 필자는 보험은 보험으로 끝내야 한다고 생각합니다. 보험이 저축이나 투자가 되려면, 결국 보험의 구조를 매우 잘 알아야 하고, 동시에 저축과 투자까지 알아야 합니다. 필자가 그런 사람이지만 저도 보험으로 저축이나 투자를 하지 않습니다. 왜냐하면 소위 말해서 가성비가 나오지 않기 때문입니다.

보험도 매월 보험료를 납입합니다. 이것은 나에게 찾아올 수 있는 리스크를 보험사가 책임지는 대신에 가져가는 돈이라고 생각하면 됩니다. 보험으로 저축을 한다는 것은 회사가 가져가는 돈보다 더 납입해서 남은 돈을 보험회사가 정한 금리로 굴리는 것이라고 할 수 있습니다.

보험회사는 고객이 납입한 돈으로 채권을 사거나, 투자를 합니다. 또는 부동산을 사서 차익을 남기기도 합니다. 보험회사에 납입한 돈에 이자를 붙여 줄 수 있는 것은 그런 이유입니다.

매월 보험회사에 납입하는 돈을 '보험료'라고 합니다. 매월 보험료를 납입하지만, 그것이 차곡차곡 쌓여서 저축되거나 투자가 되지 않습니다. 따라서 반드시 보험과 저축, 투자는 분리되어야 합니다. 보험은 보험이지, 저축이나 투자 상품이 아닙니다.

월급에서 보험료는 얼마 정도 내야 할까요?

Q 현재 400만 원 정도 월급을 받고 있습니다. 여기서 보험료로만 200만 원 이상을 내고 있습니다. 정상적인 보험료 지출이 맞나요?

월급에서 얼마 정도가 적당한 보험료일까요? 정해진 것은 없습니다. 질문의 내용으로만 봐서는 수입의 50%를 보험료로 지출하는 것이 비정상적이라고 생각할 수도 있습니다. 하지만 이것은 표면적인 것만으로 판단하는 것이므로 옳지 않습니다. 예를 들어 집안에서 내려오는 질병이 많고, 할아버지 윗대부터 단명하는 내력이 있다면, 많은 보장이 필요하기에 200만 원의 보험료도 부족할 수도 있습니다. 하지만 이것은 매우 극단적인 예시입니다. 보험설계사인 제가 봐도 400만 원 급여에서 200만 원의 보험료 지출은 매우 과해 보입니다.

그렇다면 내 월급에서 보험료는 얼마 정도 내야 할까요? 물론 답이 정해져 있는 것은 아니지만, 어느 정도 가이드 라인이 필요하겠죠. 사회초년생으로 꼭 필요한 보험을 생각해봅시다.

1. 생명보험
2. 실손의료비 보장보험
3. 암, 뇌졸중, 심근경색 3대 질병 보장보험
4. 자동차보험
5. 운전자보험

첫 번째는 생명보험이 1순위입니다. 왜냐하면 나에게 가장 중요한 것은 생명이기 때문입니다. 질병보험을 아무리 많이 가지고 있어도 생명을 잃는다면 아무 소용이 없습니다. 저의 의견에 동의할 수 없는 분들이 많이 있을 것을 압니다. 이 내용에 대해서는 다음 챕터에서 다루겠습니다.

두 번째는 실손의료비 보장보험입니다. 흔히 말하는 실손보험입니다. 국민건강보험으로 커버할 수 없는 의료비 리스크를 감당해주는 매우 중요한 보험입니다. 나이가 어릴 때는 보험료도 매우 저렴하기에 반드시 가입해두어야 합니다. 그리고 한 번이라도 심각한 질병에 걸린 후에는 가입을 받아주지 않기 때문에 건강하고 어린 시절에 꼭 가입해두어야 합니다.

세 번째는 암, 뇌졸중, 심근경색 3대 질병에 대한 보장보험입니다. 이 3가지 질병은 한국인에게 매우 빈번하게 일어나는 질병이고, 발병하게 되면 심각한 재정적 리스크를 초래할 수 있어서 반드시 가입이 필요합니다.

그리고 마지막으로 운전하고 자동차를 소유하고 있다면, 자동차보험과 운전자보험을 꼭 가입해야겠죠. 자동차를 소유하고 있지 않고, 운전면허만 가지고 있다면 운전자보험을 미리 가입해서 납입을 끝내놓는 것도 방법입니다. 예를 들면 20대일 때 10년 동안 납입하고 100세까지 보장받는 운전자보험으로 가입해둔다면, 30대에는 보험료 납입이 끝나고 보장만 받게 되는 상황이 옵니다. 매우 훌륭한 보험 가입이지요. 미래에는 사람이 운전하지 않을 수도 있지만, 현재는 사람이 운전하고 있으므로 가입해두는 것이 좋습니다.

이렇게 필수적으로 가입해야 하는 보험을 알아봤습니다. 그렇다면 월급의 얼마 정도를 보험료로 지출해야 할까요?

1. 생명보험 : 3~5만 원
2. 실손의료비 보장보험 : 2~3만 원
3. 암, 뇌졸중, 심근경색 3대 질병 보장보험 : 5~7만 원
4. 자동차보험 : 연 90만 원, 월 4만 원
5. 운전자보험 : 월 2만 원

총 15~20만 원

20대 사회초년생은 5가지의 보험 모두 합쳐서 20만 원을 넘지 않는 것이 좋을 것 같습니다. 하지만 이것은 절대적인 금액은 아닙니다. 앞에서 설명한 것처럼 집안 병력이 있거나 개인적으로 필요하다고 믿는 보장은 미리미리 가입해두는 것이 여러모로 이득입니다.

종신보험, 실손의료비보험, 암보험은 다른 것인가요?

친구가 종신보험은 필요 없다고 합니다. 암보험도 실손보험이 있으면 필요 없다는데, 종신보험과 암보험을 해지해야 할까요?

한때 종신보험이 큰 인기를 끌면서 꼭 필요한 보험이라고 소개되었던 때가 있었습니다. 바로 IMF 시절이었지요. 심각한 경제위기로 한국의 가장들이 힘들어했습니다. 여기서 가장은 아버지 또는 어머니겠지요. 이 시기를 지나면서 집에서 가장의 생명이 매우 중요하게 여겨졌습니다. 부부가 모두 종신보험으로 생명보험을 준비하고, 자녀들에게 상속하는 방식으로 많은 사람이 종신보험에 가입했습니다. 하지만 지금은 어떤가요? 기대수명도 꽤 많이 올라왔습니다.

자료 4-1. 기대수명

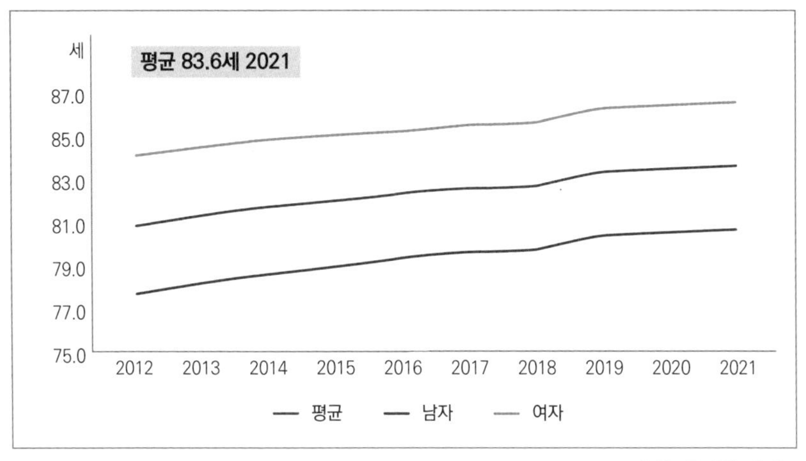

출처 : 통계청, 생명표

평균 83.6세라면 100세 이상도 이제는 꽤 많이 볼 수 있다는 뜻이겠지요. 질병도 좋은 치료법이 많이 개발되어서 이제는 완치가 가능한 중증이 많습니다. 따라서 가장의 수명에 관한 생각이 IMF 시절보다는 현저히 줄었습니다. 이제는 노후의 삶을 더 준비해야 합니다. 따라서 지금 시대에는 종신보험보다는 연금을 차곡차곡 준비하는 것이 더 좋을 듯 보입니다. 물론 생명보험에 가입하지 않아도 된다는 말은 아닙니다. 종신보험보다는 정기보험으로 생명보험을 준비하는 것이 합리적일 것입니다. 정기보험에 관한 이야기도 뒤의 챕터에서 자세히 다루겠습니다.

그럼 이제 실손보험과 암보험에 관해서 이야기해봅시다. 실손보험이 있다면 암보험에 가입하지 않아도 된다는 것은 모든 사람에게 적용되는 이야기는 아닙니다.

자료 4-2. 성별 사망원인 순위(2021년)

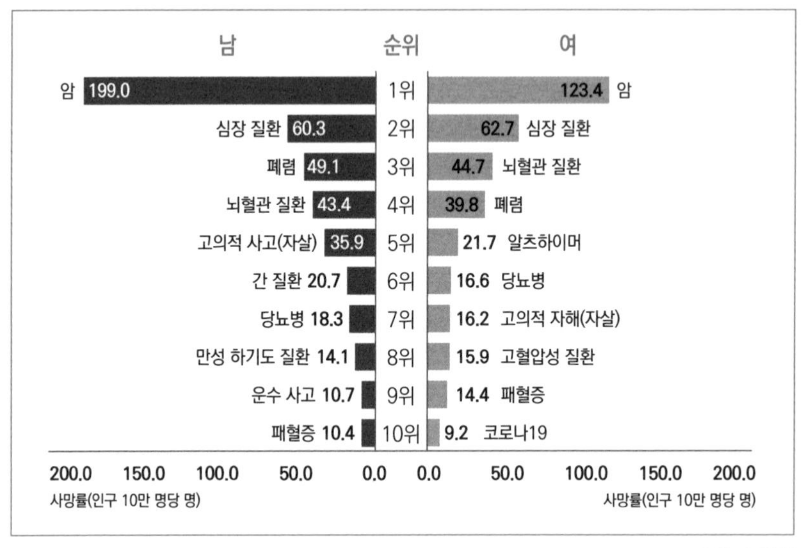

출처 : 통계청

사망원인 1위는 암입니다. 암은 특히 가족력이 있다면 더 조심해야 합니다. 요즘에는 건강검진이 활성화되어 있어서 발병하기보다는 발견하는 경우가 많습니다. 따라서 암을 치료할 가능성이 매우 큽니다. 암보험에 가입하는 이유는 암치료 비용을 위해서이기도 하지만, 가장 큰 이유는 암치료를 받으면서 일하지 못하는 것에 대한 보상입니다. 예를 들면 암 치료받는 기간이 1년이라면, 그동안에는 급여를 받지 못합니다. 치료비는 실손보험으로 커버할 수 있으나 급여는 커버하지 못합니다. 하지만 암보험이 1년 치 급여만큼 준비되어 있다면 어떨까요? 재정에 대한 리스크를 훨씬 덜어낼 수 있을 것입니다. 이처럼 암보험은 보통 1년 치 급여에 맞춥니다. 반드시 암보험은 자신의 연봉 수준에 맞춰서 준비하세요.

친구가 보험영업을 하는데요

Q 오랜만에 친구의 연락을 받았습니다. 보험회사에서 일을 시작했다고 합니다. 만나자고 하는데, 만나도 될까요?

결론부터 말씀드리겠습니다. 만나셔도 되지요. 단, 만나는 이유가 보험 이야기를 하려는 것임을 분명히 알아두어야 합니다. 한동안 연락이 없던 지인의 연락을 받았을 때는 분명히 목적이 있습니다. 그것이 가벼운 것이든, 무거운 것이든 말이죠. 그러면 우리는 어떻게 해야 할까요? 미리 마음의 준비를 하고 만나는 거죠. 그러면 어떤 이야기를 해도 이해할 수 있게 됩니다.

친구가 보험을 이야기합니다. 이것저것 준비한 것들을 보여주기 시작하고, 반드시 가입해야만 할 것 같은 표정과 열정으로 이야기합니다.

필자도 보험 일을 처음 시작할 때 이렇게 지인들을 만나며 시작했습니다. 무리한 요구를 하기도 하고, 뜻과는 달리 상처를 준 경우가 있을 것입니다. 하지만 한 가지 분명한 것은 보험상품은 내가 이해할 수 있고, 필요할 때 가입해야 한다는 것입니다. 지인의 권유 또는 도와달라는 말 때문에 이해도 되지 않고, 필요 없는 보험상품에 가입한다면 서로에게 손해만 남게 됩니다. 가입한 사람은 결국 해지하게 되니 손해, 가입을 권유한 사람은 지인에게 상처를 주고, 상품이 해지된 것에 대한 페널티를 받게 되니 손해입니다.

여기서 조금 더 생각해볼 만한 것은 지인에게 권유받는 보험상품도 잘 살펴보고 따져서 가입해야 하는데, 많은 사람이 텔레비전 광고 또는 전화 홍보만으로 보험상품에 가입하는 경우가 많다는 것입니다. 그것은 결국 손해로 돌아옵니다. 왜냐하면 텔레비전, 전화만으로 설명할 수 있는 보험은 없기 때문입니다.

다시 돌아와서 오랜만에 받은 친구의 연락이지만, 분명 의도가 있는 만남이 될 것입니다. 그것이 여러분에게 도움이 될지, 안 될지는 모르겠지만 마음의 준비를 하고 만나고, 권유하는 상품은 그 자리에서 결정하기보다는 결정을 미룬 뒤 팩트 체크하고 정보를 취합해 비교해보는 검증의 과정을 통해 차후에 결정하는 것을 추천합니다.

보험은 다이렉트가 싸겠죠?

요즘 다이렉트 보험상품이 인기인데, 저도 알아보니 엄청나게 싸더라고요. 다이렉트 보험상품과 일반 보험상품의 차이점이 있나요?

보험상품에 가입하기 위해서는 보험회사와 계약된 보험설계사, 즉 보험회사 영업사원을 통해 가입해야 합니다. 하지만 소수의 보험설계사 중에 고객에게 상품을 제대로 설명하지도 않고, 자신의 이익만을 위해 보험상품 가입을 시키는 등 여러 가지 문제가 발생했습니다. 그리고 보험설계사를 통해 가입하게 되면, 보험설계사에게도 소정의 수수료가 책정되어 있으므로 보험회사에서도 보험료에 이 비용을 반영합니다.

다이렉트 보험상품은 설계사를 통하지 않고 보험회사와 직접 계약을 하는 형태입니다. 그래서 다이렉트(Direct : 중간에 제삼자나 매개물 없이 직접적인)라는 영어단어를 이용해서 상품의 이름을 만들었습니다. 지금은 다이렉트라는 게 상품 이름이라기보다는 상품의 종류를 지칭하는 대명사가 되었습니다.

그렇다면 다이렉트 보험상품은 어떤 장단점이 있을까요? 보험료가 저렴하니 무조건 이득일까요? 아니면 설계사를 통하지 않기 때문에 손해일까요? 지금부터 알려드릴게요.

결론부터 말씀드리겠습니다. 혼자서 보험상품에 대한 조사와 이해를 할 수 있다면, 다이렉트로 가입하는 것이 이득입니다. 하지만 그것을 할 수 없다면 믿을 만한 설계사를 통해서 가입해야 합니다.

다이렉트로 가입하면 관리하는 설계사가 배정은 되지만, 아무래도 고객과 직접 만나고, 라이프스타일에 대한 대화가 없었기 때문에 보험 혜택, 즉 보험금을 청구해야 하는 상황이 되면 큰 도움이 되지 않습니다. 여기서 도움이라는 것은 단순히 행정적인 도움만이 아닌, 전체적인 도움을 말합니다. 보험금 청구는 보험회사가 알아서 해주지 않습니다. 보험혜택을 받게 될 또는 보험계약자가 스스로 철저히 준비해서 청구해야 합니다. 이때 어떻게 청구하느냐가 보험금의 크기나 혜택을 좌우합니다. 설계사는 보험 가입뿐만 아니라 가입 후 서비스까지 해야 합니다(많은 설계사가 이것을 놓치고 있어서 개인적으로 마음이 아픕니다). 다이렉트 가입은 이런 가입 후 서비스를 받을 수 없다고 보면 됩니다.

그렇다면 설계사를 통해 가입하면 무조건 가입 후 서비스를 받을 수 있을까요? 아닙니다. 좋은 설계사를 통해 가입해야 합니다. 그 설계사를 찾기 위해 노력해야 합니다. 어쩌면 보험상품을 선택하는 노력보다 좋은 설계사를 찾는 노력에 더 신중해야 할지도 모르겠습니다. 아니, 더 중요합니다.

주위에 좋은 설계사를 찾지 못했다면, 저의 블로그에 오셔서 상담 요청을 하셔도 되고, 이메일을 보내셔도 됩니다. 하지만 자신이 보험상품에 대한 조사와 이해를 할 수 있다면, 다이렉트 보험상품은 매우 이득입니다. 왜냐하면 보험료가 저렴하기 때문입니다. 예를 들어 보겠습니다.

20년 동안 납입하고 100세까지 보장받는 보험상품에 가입할 때

1. 설계사를 통해 가입 시 보험료 : 10만 원
   10만 원×240개월 = 2,400만 원

2. 다이렉트를 통해 가입 시 보험료 : 9만 원
   9만 원×240개월 = 2,160만 원

다이렉트 가입을 통해 보험료 240만 원을 절약했습니다. 자, 앞에서 계속 말씀드렸던 절약하면 어떻게 행동해야 한다고요? 바로 투자 계좌로 입금하는 것을 실천할 수 있겠죠. 매월 만 원씩 투자 계좌에 입금할 수 있는 돈이 생겼네요.

이것은 보험상품에 대한 조사와 이해를 할 수 있는 사람에게만 해당하는 것입니다. 그렇지 못하면 한 달에 만 원씩 더 지불하고, 좋은 설계사의 상품 추천과 관리를 받는 것이 더 낫습니다.

또한, 다이렉트 가입은 보험상품에서 선택해야 하는 보장내용 또한 스스로 결정해야 합니다. 보험상품은 가입하게 되면 환불과 수정이 안 됩니다. 따라서 가입할 때 보장내용을 꼼꼼히 살펴야 합니다. 자신이 어떤 사람인지 잘 파악하고 다이렉트로 할 것인지, 설계사를 통해 할 것인지 결정하세요.

연금보험은 연금저축펀드와 무엇이 다른가요?

연금을 준비하고 싶은데, 찾아보니 연금보험이 있고 연금저축펀드가 있더라고요. 어떤 것으로 준비해야 하나요?

연금을 준비하고 싶은 마음을 먹은 것만으로도 칭찬을 드리고 싶습니다. 왜냐하면 필자가 만나 본 사회초년생 중에서 연금을 준비하고 싶다는 말을 듣는 일은 흔하지 않기 때문입니다. 매우 훌륭합니다. 우리는 현재의 삶을 살아내는 것도 중요하지만 노후의 삶, 즉 미래의 삶을 준비하는 것이 더 중요합니다. 물론 현재가 없다면 미래도 없지만, 현재의 행위들이 미래를 결정하는 경우가 많습니다.

다시 본론으로 돌아갑시다. 연금을 준비하려는데 연금의 종류도 많고, 상품의 종류도 많고, 연금저축보험, 연금저축펀드, 연금보험, 퇴직연금, 개인형 IRP, 퇴직연금 DC, 퇴직연금 DB 등 이름도 금융기관마다 각각 다르기에 시작부터 난관에 부딪히게 됩니다. 이번 챕터에서 완벽히 정리하고 넘어갑시다.

첫 번째로 연금저축의 종류를 살펴봅시다.

1. 연금저축보험
2. 연금저축펀드

연금저축신탁이라는 은행에서 가입하는 상품은 판매하지 않기 때문에 제외하겠습니다. 연금저축보험은 은행이나 보험사를 통해 가입합니다. 매월 납입하는 금액이 정해져 있고, 은행이나 보험사가 정하는 이율을 적용해 연금을 수령합니다. 연금저축펀드는 은행이나 증권사를 통해 가입하고, 매월 납입하는 금액이 정해져 있지 않은 자유납입 형태입니다. 납입한 돈이 투자 상품으로 투자되기 때문에 개인의 운용 능력에 따른 실적이 연금 수령액이 됩니다. 그리고 상품마다 차이가 있기는 하지만, 연금저축보험은 보통 예금자보호를 받게 되어 있고, 연금저축펀드는 투자 상품이기 때문에 받지 못하는 상품이 대부분입니다.

두 번째로 연금의 종류를 살펴봅시다.

1. 국민연금
2. 퇴직연금(DB, DC)
3. 개인형 IRP
4. 연금저축펀드

자료 4-3. 선진국형 3층 연금구조

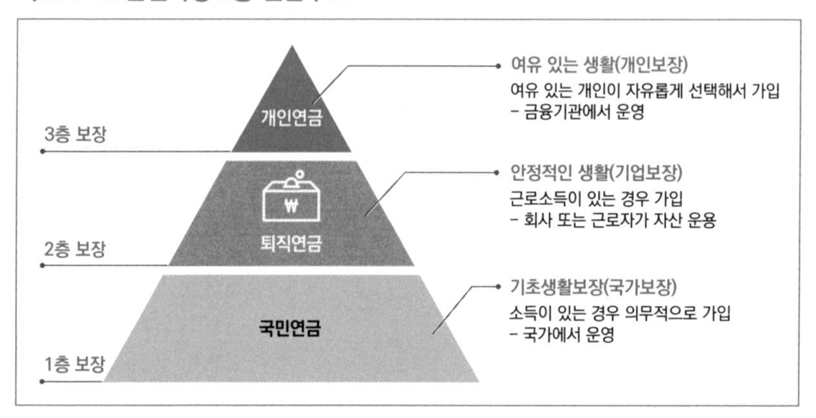

출처 : 고용노동부 퇴직연금 사이트

3층 연금구조라는 것은 개인이 준비할 수 있는 연금을 보기 쉽게 구조화한 것으로 생각하면 됩니다. 국민연금이 가장 아래에 위치하는 1층 보장인 이유는 밑바탕이 되어야 하기 때문입니다. 국민연금은 국가에서 제공하고 있는 제도이기 때문에 따로 설명하지는 않겠습니다.

2층 보장 퇴직연금을 살펴봅시다. 자신이 속해 있는 회사에서 근로를 제공하고 있다면, 퇴직연금이 적립되고 있을 가능성이 큽니다. 그 형태는 퇴직금, 퇴직연금 DB, 퇴직연금 DC, 이 3가지입니다. 퇴직금과 퇴직연금 DB는 회사에서 준비하고, 근로자가 퇴직할 때 지급합니다. 퇴직연금 DC는 회사에서 납입하고, 근로자가 직접 납입금액을 투자해 실적을 내고 퇴직할 때 지급합니다. 따라서 퇴직연금은 내가 속해 있는 회사에서 어떤 형태로 준비하고 있는지 알아야 합니다. 그에 따라 납입한 금액이 달라지니 반드시 확인해보고 준비해야 합니다. 개인형 IRP는 회사에서 제공하는 퇴직연금과는 별도로 개인적으로 퇴직연금을 적립해서 운용하고 싶다면 가입해서 납입하는 상품입니다.

마지막 3층 보장 개인연금(연금저축펀드)입니다. 연금저축펀드는 앞서 설명했으니 넘어갑시다.

자, 그럼 연금저축보험과 연금저축펀드 중에 어떤 상품을 선택해야 할까요? 그것은 각자의 라이프스타일에 따라서 달라질 것입니다. 요즘은 연금저축보험보다는 연금저축펀드를 납입하면서 스스로 투자하고 실적을 내는 것이 보통의 사례입니다. 하지만 투자 손실에 극도로 민감하다면, 연금저축보험을 꼬박꼬박 납입하는 것도 방법입니다. 퇴직연금은 속해 있는 회사에 문의해서 어떤 형태인지 꼭 알아보고, 퇴직연금 DC의 경우에는 직접 투자 상품을 선택할 수 있으므로 퇴직연금도 방치하지 말고 잘 굴려보시길 바랍니다.

정기보험은 왜 싼 거죠?

**종신보험과 정기보험의 차이점은 무엇인가요?
정기보험이 종신보험보다 훨씬 싸던데 왜 그런 것인가요?**

일단 생명보험의 의미부터 알고 가야 할 것 같네요. 우리에게 가장 중요한 한 가지는 무엇일까요? 네, 그렇습니다. 바로 생명이지요. 생명이 없으면 존재할 수 없기 때문입니다. 그래서 필자는 늘 질병보험보다 생명보험을 가장 중요하고 우선시해야 하는 보험이라고 생각합니다. 그렇다면 생명보험을 가입할 때 어떤 상품으로 가입해야 할까요?

종신보험
피보험자가 사망하면 보험금을 100% 지급하는 상품으로, 자살 등의 특별한 사유가 없을 경우 사망 시기·원인 등에 관계 없이 보험금을 지급한다. 종신보험에는 일반종신보험, 변액종신보험, 변액유니버셜종신보험, 저해지종신보험, 해지환급금미보증종신보험 등이 있다.
(출처 : 네이버 사전)

정기보험
사망보험 중에서 보험기간이 일정 기간으로 한정되어 있는 생명보험. 피보험자가 보험기간 중에 사망한 경우에만 보험금을 지급하고, 보험기간 만료 시까지 생존한 경우에는 보험금의 지급 없이 계약이 만료한다. 이 보험은 보험기간이 보통 1년·3년·5년으로 해마다 갱신되는 것이 일반적이다.
(출처 : 네이버 사전)

아주 단순하게 설명한다면 종신보험은 언제든지 보험사고가 발생하면 약속한 보험금을 100% 받을 수 있고, 정기보험은 정해진 기간 안에 보험사고가 발생할 때만 받을 수 있습니다. 따라서 종신보험의 보험기간은 생명이 다하는 그 순간까지이므로 90세가 될 수도 있고, 100세 이상이 될 수도 있습니다. 기간이 깁니다. 그리고 약속한 보험금을 100% 받을 수 있기 때문에 확정적인 재정계획을 세울 수 있습니다. 물론 보험금은 상속자에게 전해집니다. 그래서 보험료가 매우 높습니다.

반면에 정기보험은 기간을 정하고, 그 기간 안에 보험사고가 발생하지 않으면 보험계약은 소멸됩니다. 따라서 보험기간이 짧고 보험금을 받을 확률도 높지 않습니다. 보험료가 종신보험에 비해서 저렴합니다.

이제 종신보험에 비해서 정기보험의 보험료가 저렴한 이유를 아시겠죠? 그러면 종신보험이 좋은 것일까요? 정기보험이 좋은 것일까요? 그것은 자신의 라이프스타일에 따라서 다릅니다. 예를 들어 보겠습니다.

1. 20대 중반 미혼 사회초년생 : 연봉의 10배 정도 보장금액으로 정기보험 가입
2. 30대 중반 자녀가 있는 가장 : 연봉의 10배 정도 보장금액으로 종신보험 가입

20대 중반 미혼의 사회초년생은 자신이 책임져야 할 재정적 부담이 30대 중반 자녀가 있는 가장보다는 비교적 적습니다. 따라서 종신보험보다는 정기보험의 가입이 필요합니다. 물론 납입할 수 있는 재정적 여유가 있다면, 미리 종신보험을 가입하는 것도 좋은 선택입니다. 하지만 그렇지 않은데 무리해서 종신보험을 가입하고, 납입 부담을 계속 가져가는 것은 옳지 않다고 생각합니다. 연봉의 10배 정도를 보장금액으로 하는 이유는 자신이 세상을 떠나도 10년 정도는 보험금으로 재정적 리스크를 막을 수 있기 때문입니다.

30대 중반 자녀가 있는 가장은 자신이 세상에 없을 때 아내 또는 자녀에게 재정적 리스크를 부담시키지 않아야 하므로 기간의 정함이 없는 종신보험으로 예방을 해놓는 것이 좋습니다. 하지만 연봉의 10배나 되는 보장금액을 한 번에 가입하려면, 납입 부담이 매우 큽니다. 이럴 때는 매년 연봉 금액 정도의 보장금액으로 보험에 가입하거나, 일단 연봉의 10배 금액으로 정기보험을 가입해두고, 1년에 한 번씩 연봉만큼의 정기보험 보장금액을 종신보험으로 전환하는 것도 방법입니다. 이렇게 하는 이유는 혹시라도 나에게 질병이 생겨서 치료받을 시 더 이상 보험 가입이 되지 않을 경우가 생길 수도 있기 때문입니다.

각자 자신의 라이프스타일이 다릅니다. '무조건 종신보험이 최고이고, 정기보험은 싸구려야'라는 생각은 매우 위험합니다. 모든 사람이 처한 환경이 다른 것처럼 보험가입도, 상품도 달라야 합니다.

보험은 결국 손해 보는 것 아닌가요?

매월 돈을 내고 결국에는 다 받지도 못하는 보험, 결국 손해 아닌가요?

보험에 가입하는 이유는 예상치 못한 사고에 지출되는 재정적 리스크를 줄이기 위해서입니다. 납입했던 보험료를 돌려받기 위해서 가입하는 것이 아닙니다. 자동차보험을 예를 들어 보겠습니다. 자동차보험은 보통 1년 치 보험료를 한 번에 납입합니다. 2022년 3월에 가입해서 2023년 2월 말까지 보장되는 자동차보험에 가입했다고 생각해봅시다. 다행히도 1년 동안 사고가 나지 않고 무사히 안전 운전했습니다. 감사한 일이지요. 하지만 '납입한 보험료를 돌려받기 위해 2023년 1월에 무조건 사고를 낼 거야!'라고 생각하는 사람이 있을까요? 없습니다. 모든 보험은 똑같습니다. 암보험에 가입했다고 해서 반드시 암에 걸려야 하는 것이 아닙니다. 생명보험에 가입했다고 해서 반드시 생명을 잃어야 하는 것이 아니죠. 보험사고 없이 보험기간을 마쳤다면 축하할 일이고, 행복한 일입니다. 매월 납입하는 보험료는 앞으로 일어날 보험사고에 대한 재정적 리스크를 보험회사가 일정 부분 책임지는 것을 위해 지불하는 값입니다. 책임은 지게 해놓고 별일 없었으니 그동안의 지불했던 책임 비용을 환불해달라는 것과 같습니다.

매월 돈을 내지만 결국 소멸하는 돈입니다. 물론 아까운 마음이 들 수도 있습니다. 그래서 더욱 보험가입은 신중해야 하고, 좋은 설계사를 통해서 상품을 추천받고 보장내용을 꼼꼼히 확인해야 합니다.

보험으로 부자 될 수 있나요?

보험으로도 저축이나 투자가 가능한데, 보험으로도 부자 될 수 있나요?

보험은 저축이나 투자 상품이 아닙니다. 보험은 혹시 모를 사고에 대비해 준비해두는 상품이지, 돈을 모아주거나 굴려주는 상품이 아닙니다. 물론 저축이나 투자가 가능한 보험상품을 잘 이용해 돈을 모으는 사람도 있습니다. 하지만 보험가입에 대한 보너스 정도이지, 부자를 만들어주는 효과는 없습니다.

상담을 신청하는 사람 중 저축, 투자, 보험을 한 상품으로 해결하려고 하는 경우가 꽤 많습니다. 결론부터 말씀드립니다. 불가능합니다. 저축과 투자를 한 번에 해결하는 상품도 없는데, 거기에 보험까지 함께 할 수 있는 상품이 있다니요? 부디 현혹되지 마세요. 저축은 저축으로, 투자는 투자로, 보험은 보험으로 대해야 합니다.

부자의 길은 어려운 길입니다. 쉬운 길이었다면 누구나 부자가 되었겠지요. 어려운 길이기 때문에 나에게도 기회가 있는 것입니다.

꼭 기억하세요. 보험으로 저축이나 투자할 수 없습니다. 그리고 보험으로 부자 될 수 없습니다.

보험의 완성은 설계

Q 보험에 가입하려고 하는데, 아무리 내용을 읽어봐도 무슨 내용인지 모르겠습니다. 추천해주는 상품으로 가입하면 될까요?

집을 짓고 싶어 하는 후배가 있었습니다. 아파트는 마치 닭장 같다며, 자신은 꼭 직접 자기만의 집을 짓겠다고 이야기했습니다. 개인주택과 빌라, 아파트를 모두 경험해본 필자는 그에게 늘 이렇게 이야기했습니다. "나만의 집을 짓는 것은 누구나 가지고 있는 로망이지만, 막상 집을 짓는 과정에서 소모되는 에너지가 너무 크고, 개인주택 같은 경우에는 집주인이 혼자 관리해야 해서 한 번 더 에너지가 소비된다"라고 말이죠. 나 같으면 그 에너지를 다른 곳에 사용하고, 집은 관리 잘되어 있는 아파트에 사는 것이 좋겠다고 추천했습니다. 하지만 결국 그는 집을 짓기 시작했습니다. 예쁜 집이 지어지고 만족스러웠습니다. 하지만 처음이다 보니 집을 짓는 과정에서 실수가 여럿 있었습니다. 집은 한 번 지어지면 수정이 불가합니다. 예를 들면 '화장실 위치가 마음에 안 드는데 변경해볼까?' 같은 수정을 말합니다. 후배의 집이 완성된 후 여기저기서 하자가 발생하기 시작했습니다. 지금은 모두 수리가 완료되고 문제는 사라졌지만, 집 앞 잔디를 한 달에 한 번씩 깎아주고, 눈이 오면 치우는 데 하루를 다 보냅니다. 집을 크게 지었기 때문에 매일 청소하는 일도 쉽지 않습니다. 이제부터는 관리와의 싸움입니다.

보험상품을 선택하고 가입하는 것이 집을 짓는 것과 유사합니다. 내가 직접 보험상품을 고르고, 그 속에 들어갈 보장내용도 선택합니다. 가입 이후에 발생하는 보험사고에 대한 처리도 스스로 합니다. 가입과정에서 누락된 보장내용이 있으면 수정할 수 없으므로 새로운 상품을 하나 더 가입해야 합니다. 이것을 스스로 해낼 수 있다면 굳이 좋은 설계사가 필요 없습니다. 하지만 대부분 사람이 이렇게 해내지 못합니다. 보험상품을 이해하기도 쉬운 일은 아니기 때문입니다. 그래서 집을 짓는 전문가가 있는 것이고, 관리해주는 직원이 있는 것입니다.

보험은 집을 짓는 것과 유사하다고 했죠? 제일 중요한 것이 설계입니다. 설계부터 실수가 있다면 집은 온전히 지어지지 않습니다. 보험가입도 마찬가지입니다. 설계부터 누락이나 실수가 있다면 수정할 수도 없습니다. 중간에 환불도 되지 않습니다. 보험사고가 없었더라도 말이죠.

따라서 보험료가 싸고 자신이 직접 설계한다는 것 때문에 설계사 없이 보험을 가입하는 것은 추천드리지 않습니다. 왜냐하면 10%의 수수료만 더 지불하면 설계와 사후 관리까지 받을 수 있기 때문입니다.

아파트에 살면 눈, 비를 치우지 않아도 됩니다. 잔디를 깎거나 조경에 신경 쓰지 않아도 됩니다. 관리해주시는 직원이 있기 때문입니다. 물론 관리비라는 비용이 들어가긴 합니다. 하지만 개인주택에서는 관리비를 대신해 집주인이 노동하는 것이지요. 집을 관리하고 보수하는 것에서 개인적으로 행복하고 만족감을 얻는다면 그것도 좋습니다. 하지만 그 반대의 경우라면 결코 행복하지 않을 것입니다.

저도 마당이 있는 개인주택에 살아 보는 것이 로망이었습니다. 그래서 실제로 경험해봤습니다. 하지만 얼마 지나지 않아 아파트로 이사했습니다. 좋은 경험이었지만 스스로 집을 관리하는 것이 저에게는 매우 힘든 일이었습니다. 노동하고 안 하고를 말하는 것이 아니라, 집 관리에 들어가는 노동력을 다른 곳에 쓰는 것이 훨씬 더 효율적이라고 생각했기 때문입니다.

보험을 가입할 때 설계, 가입, 사후 관리 등을 좋은 설계사에게 위임하세요. 매달 보험료의 10% 정도를 관리비로 지출한다고 생각하세요. 그리고 여러분이 원하는 일을 하세요. 그것이 훨씬 생산적인 방법이라고 생각합니다.

PART

05

연금, 국민연금 + 개인연금 + 퇴직연금으로 준비하는 노후대비

연금은 왜 준비해야 하나요?

> 국민연금으로 나오는 돈으로 살면 되지 않나요?
> 연금을 꼭 따로 준비해야 하나요?

맞습니다. 국민연금으로 나오는 돈으로 살면 됩니다.

자료 5-1. 국민연금 수령자 현황

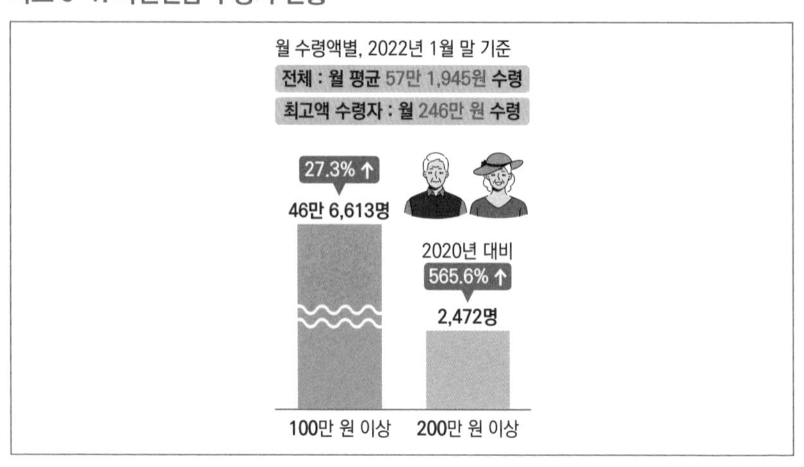

출처 : 김토일 기자, 국민연금 수령자 현황, 〈연합뉴스〉, 2022년 5월 10일자 기사, 국민연금공단

100만 원 이상 받는 사람은 46만 명 정도입니다. 전체 평균은 57만 원입니다. 200만 원 이상은 2,500명밖에 되지 않습니다.

자료 5-2. 연도별 인구구조

인구구조, 부양비별	2022년	2023년	2024년	2025년
총인구(명)	51,628,117	51,558,034	51,500,029	51,447,504
남자(명)	25,790,370	25,749,708	25,714,669	25,682,920
여자(명)	25,837,747	25,808,326	25,785,360	25,764,584
성비(여자 100명당)	99.8	99.8	99.7	99.7
인구성장률	-0.23	-0.14	-0.11	-0.10
인구(명) : 0~14세	5,934,472	5,686,017	5,462,580	5,252,258
인구(명) : 15~64세	36,675,233	36,372,084	36,029,123	35,609,992
인구(명) : 65세 이상	9,018,412	9,499,933	10,008,326	10,585,254
- 구성비(%) : 0~14세	11.5	11.0	10.6	10.2
- 구성비(%) : 15~64세	71.0	70.5	70.0	69.2
- 구성비(%) : 65세 이상	17.5	18.4	19.4	20.6

출처 : 통계청

65세 이상 인구는 계속 늘어나서 2025년에는 총인구의 20% 이상이 될 것으로 예상하고 있습니다. 1,000만 명이 넘는 노령인구 중에 국민연금으로 100만 원 이상 받을 수 있는 사람은 5%도 넘지 못한다는 이야기입니다. 아주 심각한 노후빈곤입니다.

국민연금, 퇴직연금도 잘 준비해야 하지만, 그 외의 개인연금계좌도 충실히 준비해야 노후빈곤을 막을 수 있습니다. 아마도 지금 필자가 전달하는 메시지가 와 닿지는 않을 것입니다. 왜냐하면 여러분에게 너무도 먼 미래라고 생각하기 때문이고, 노후의 삶에 대해서도 한 번도 생각해본 적이 없을 것이기 때문입니다.

결론을 말씀드리겠습니다. 국민연금으로만 살 수 있습니다. 하지만 지금의 라이프스타일을 그대로 유지하며 살기는 힘들 것입니다. 따라서 퇴직연금, 개인연금을 잘 준비해두어야 합니다.

국민연금으로 노후대비 된 것 아닌가요?

매월 월급에서 국민연금으로 꼬박꼬박 떼어갑니다. 원하지 않아도 무조건 떼가는데, 국민연금으로 노후대비가 안 된다고요?

자료 5-3. 국민연금 보험료율

사업장가입자의 보험료율

사업장가입자의 경우 보험료율인 소득의 9%에 해당하는 금액을 본인과 사업장의 사용자가 각각 절반, 즉 4.5%씩 부담해 매월 사용자가 납부해야 합니다. 사업장가입자의 연금보험료는 가입자가 개별적으로 납부할 수 없고*, 사용자에 의해 일괄적으로 납부합니다.

* 단, 사용자가 연금보험료를 체납한 경우 근로자가 건강보험공단에 개별납부 신청 및 납부할 수 있음.

기준소득월액은 1년에 한 번 산정하므로 실제 보수의 4.5%와는 맞지 않을 수 있습니다.

예 기준소득월액이 1,060,000원인 봉급자의 경우 매월 95,400원을 연금보험료로 납부해야 하는데 그중 47,700원은 본인이, 47,700원은 사용자가 부담하게 됩니다.

출처 : 국민연금공단

일반적으로 근로소득으로 급여를 받게 되면 9%는 국민연금으로 납부됩니다. 사업장에서 9%의 반을 부담해서 4.5%를 납부해주고 있으므로 실질적으로 근로자는 4.5%를 납부하게 됩니다. 이것이 본인의 의사와는 상관없이 납부해야 하므로 국민연금에 대해 부정적인 감정을 가지게 되는 것 같습니다.

물론 국민연금으로 노후대비가 되지 않습니다. 국민연금은 노후소득의 베이스가 됩니다. 오직 국민연금만으로는 노후대비를 할 수 없습니다. 따라서 국민연금과 더불어 퇴직연금, 개인연금을 준비해야 하는 것이죠.

자신이 쌓아놓은 국민연금이 얼마나 되는지 궁금하시죠? 어떻게 조회하는지 알려드릴게요.

자료 5-4. '내 곁에 국민연금' 앱

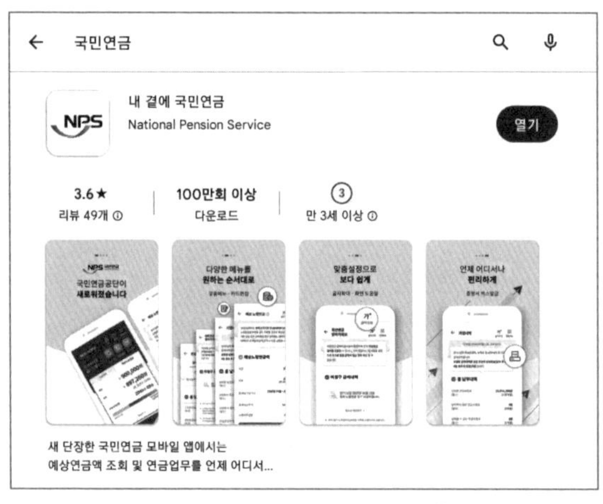

출처 : 국민연금공단

각자의 스마트폰에서 '내 곁에 국민연금' 앱을 설치합니다.

첫 화면에서 로그인을 해야 합니다. 따로 회원가입이 필요하지 않고, 원하는 인증방법으로 본인인증을 하면 됩니다.

자료 5-5. 내 곁에 국민연금 앱 첫 화면

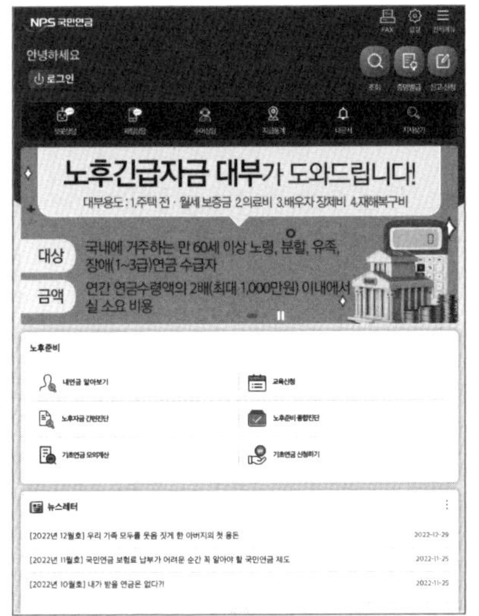

출처 : 국민연금공단

자료 5-6. 본인인증 로그인 화면

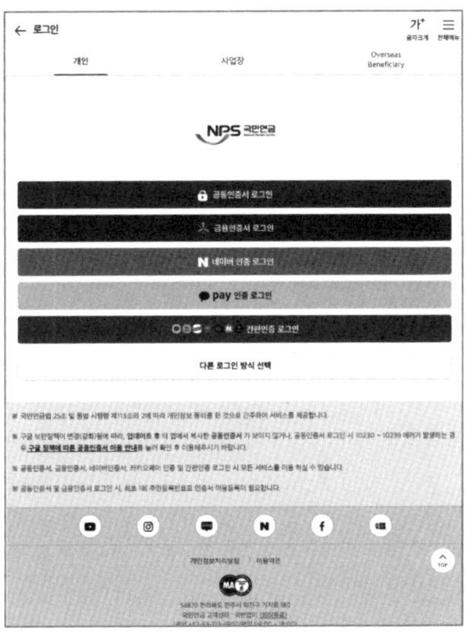

출처 : 국민연금공단

인증단계를 거쳐 로그인하게 되면, 본인의 예상 노령연금 월액을 조회할 수 있습니다.

자료 5-7. 예상 노령연금 월액 조회 화면

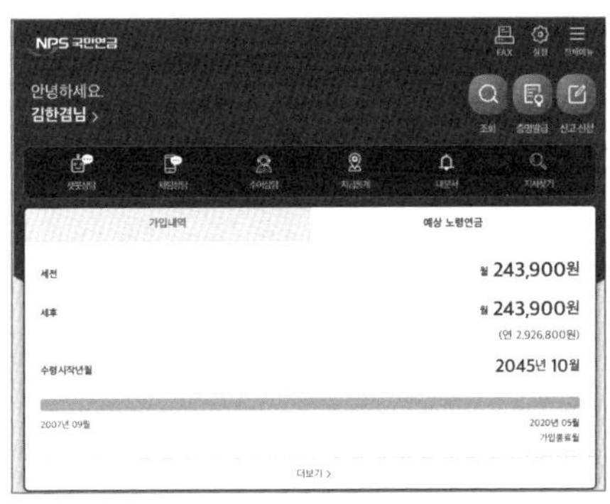

출처 : 국민연금공단

필자의 예상 노령연금 월액은 25만 원이 넘지 않습니다. 저는 근로 소득 활동을 오래 하지 않았기 때문에 20~30년 근속하신 분들보다 연금 월액이 매우 적네요.

앱을 통해 내가 가지고 있는 연금을 조회할 수도 있고, 국민연금 기금 운용이 어떻게 되고 있는지도 확인할 수 있습니다.

자료 5-8. 내 연금 알아보기

출처 : 국민연금공단

자료 5-9. 기금 운용현황 확인

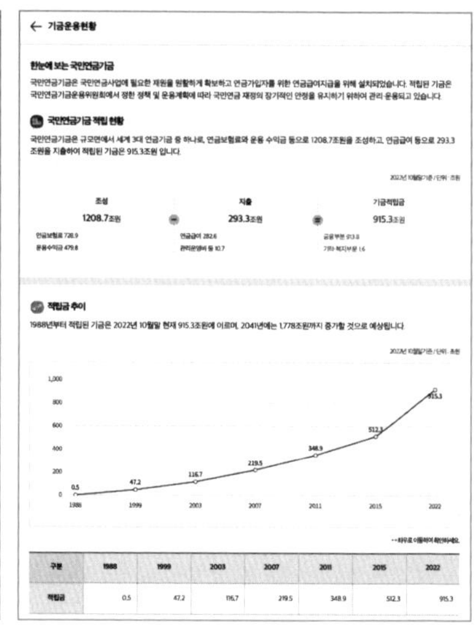

출처 : 국민연금공단

각자의 국민연금 예상 월액을 확인하면, 퇴직연금과 개인연금을 준비해놓지 않으면 노후빈곤을 겪을 수도 있습니다. 막연히 '미래에는 어떻게든 되겠지'라고 생각한다면, 현실을 직시할 수 있는 정보가 되겠지요. 국민연금, 퇴직연금, 개인연금 3층 구조로 노후를 대비합시다.

연금 대신 저축해두면 되는 것 아닌가요?

Q 꼭 개인연금을 준비해두어야 하나요? 일정 금액을 저축해두면 되는 것 아닌가요?

맞습니다. 노후자금을 저축으로 준비할 수 있다면 그렇게 하는 것도 좋은 방법입니다. 필자가 노후자금을 3층 구조로 준비해야 하고, 개인연금은 연금저축펀드로 준비해야 한다고 이야기하는 이유는 투자의 습관이 필요한 시대이기 때문입니다. 이제는 저성장, 저금리 시대가 지속될 것으로 보입니다. 그렇다면 저축을 통해 돈을 모아가는 것만으로는 물가상승을 이길 수 없습니다. 예를 들어 보겠습니다.

금리 3%인 통장에 노후자금을 모았다고 가정해봅시다. 20년 동안 쓰지 않고 그대로 넣어두었지만 물가상승률이 4%였다면, 결국 3%의 이자를 받은 것이 아니라 1%의 마이너스 금리를 받게 되는 것입니다.

물론 투자한다고 해서 무조건 물가상승을 이길 수 있는 것은 아닙니다. 왜냐하면 투자는 수익도 존재하지만, 손실도 공존하기 때문입니다. 따라서 투자의 습관을 통해 물가상승률을 이겨내야 합니다. 습관과 경험을 통해 우리의 노후자금을 굴려서 눈덩이처럼 커지게 만들어야 합니다. 저축은 돈을 모아가는 기능으로 사용해야 합니다. 모은 후에는 투자해야 합니다. 투자의 경험을 늘려주는 매우 좋은 방법 중 하나가 연금저축펀드입니다. 연금저축펀드계좌에 적립하게 되면 세액공제를 받을 수 있습니다. 매년 1~12월 적립한 금액에 대해서는 세액공제를 통해서 일정 금액의 수익을 보장받게 됩니다. 아주 정확히 말하면 수익을 보장받는 것은 아니지만, 세액공제는 투자의 수익과 손실과는 관계없이 적립한 금액에 대해서 받는 것이기 때문에 다른 투자보다는 이득이 많다는 이야기입니다.

따라서 저축보다는 투자를 통해 돈을 불리는 연습을 해야 합니다. 그래야 기회가 왔을 때 큰 수익을 얻을 수 있습니다. 저축이 좋지 않다는 것이 아닙니다. 저축은 돈을 모으는 수단으로만 사용해야 한다는 것입니다.

종신보험을 연금으로 생각하면 된대요

Q 종신보험을 가입했습니다. 가입할 때 들었던 이야기로는 노후에 연금으로 전환도 가능하다고 하던데요. 그러면 연금을 따로 준비 안 해도 되는 것 아닌가요?

맞습니다. 종신보험을 완납하게 되면 연금으로 전환도 가능합니다. 따라서 종신보험에 납입하는 것으로도 노후대비가 되는 것은 사실입니다. 종신보험은 납입 중에는 해지환급금이 매우 적지만 완납하게 되면, 해지환급금이 납입한 금액 대비 거의 100%가 됩니다. 그러면 해지환급금을 연금으로 전환할 수 있습니다. 노후자금으로 유용하게 쓸 수 있습니다. 하지만 납입한 금액을 노후에 나눠 받는 방식입니다. 보통 20~30년 납입하게 되고, 매월 납입금액도 상속을 목적으로 하지 않는 이상 그리 크지 않습니다. 예를 들면, 매월 10만 원씩 20년 납입하는 종신보험에 가입했다면, 2,400만 원을 납입하는 상품입니다. 물론 납입하면서 보험회사에서 약속하는 금리로 일정 금액의 이자를 받게 됩니다. 하지만 그다지 크지 않습니다. 10억 원 정도 납입하는 것이 아니라면 말이죠. 2,400만 원 납입한 돈을 노후에 20년 동안 나눠 받게 되면 한 달에 10만 원 정도 받게 됩니다. 따라서 종신보험을 노후자금으로 생각하려면, 매월 납입액이 자신이 받고 싶은 노후 연금액 수준이어야 합니다.

자신이 원하는 노후 연금 월액 : 200만 원
종신보험 연금전환을 위한 매월 보험료 : 200만 원

상속의 목적을 제외하고는 매월 200만 원의 종신보험 보험료를 낼 수 있는 사람은 그리 많지 않습니다. 그리고 매월 200만 원의 종신보험 보험료를 낼 수 있다면, 노후대비를 하지 않아도 되는 자산을 가지고 있을 가능성이 큽니다.

결론입니다. 종신보험은 단지 보험의 목적으로 납입해야 합니다. 요즘에는 종신보험이나 다른 종류의 보험에 여러 가지 기능을 넣어서 판매합니다. 예를 들면 중도인출이나 약관대출 같은 기능입니다. 이런 기능은 필요할 때 쓸 수 있는 기능이지, 입출금이나 대출하기 위해서 보험 가입하는 것은 추천드리지 않습니다. 연금 전환 기능은 나중에 보너스 정도로만 생각합시다. 노후자금을 잘 준비해놓고, 덤으로 받는 보너스 말이죠.

세액공제가 되는 연금저축펀드?

Q 연금저축펀드계좌를 만들면 세액공제로 돈을 환급받을 수 있다던데, 사실인가요?

맞습니다. 연금저축펀드계좌에 납입하게 되면 일정 금액의 한도만큼 세액공제를 받을 수 있습니다. 물론 세액공제를 받을 만큼의 세금을 냈어야 공제 신청해서 환급받을 수 있겠죠.

자료 5-10. 연금저축 + 개인형 IRP 세액공제 대상 납입 한도

□ 세액공제 대상 납입한도 확대 및 종합소득금액 기준 합리화

○ 연금저축+퇴직연금

총급여액 (종합소득금액)	세액공제 대상 납입한도 (연금저축 납입한도)	세액 공제율
5,500만 원 이하 (4,500만 원)	900만 원 (600만 원)	15%
5,500만 원 초과 (4,500만 원)		12%

출처 : 기획재정부

앞의 자료 5-10처럼 1년 납입 한도 900만 원에 대한 세액공제율은 최대 15%입니다. 그렇다면 세액공제율에 따른 세액공제금액을 살펴봅시다.

자료 5-11. 세액공제 확대와 세액공제액(2023년 1월 1일부터 개정)

구분	기준		공제율	세액공제액
기존	총급여 5,500만 원 (근로소득만 있는 경우) 또는 종합소득금액 4,000만 원	이하	16.5%	최대 1,155,000원
		초과	13.2%	최대 924,000원
개정	총급여 5,500만 원 (근로소득만 있는 경우) 또는 종합소득금액 4,500만 원	이하	16.5%	최대 1,485,000원
		초과	13.2%	최대 1,188,000

[지방소득세 포함]

※ 개인연금저축+IRP 합산한 세액공제한도는 연 900만 원이며, 개인연금저축의 세액공제한도는 연 600만 원 입니다.

출처 : 신한투자증권

자료 5-11에서 공제율이 15%가 아닌 16.5%인 것은 지방세 1.5%가 포함되기 때문입니다.

연금저축펀드계좌에 1년 동안(1월부터 12월 말일까지) 600만 원을 IRP 계좌에 300만 원을 납입하면, 최대 1,485,000원을 공제받습니다. 연금저축계좌를 통해 투자한 돈이 수익을 얻게 되면 더 좋겠죠. 개인사업자도 세액공제가 가능합니다. 따라서 근로소득이나 사업소득을 받는 사람이라면 누구나 가입해서 노후자금 마련과 세액공제 이득까지 챙기면 일거양득이겠지요.

1년 동안 900만 원을 적립한다면 20년만 적립해도 1억 8,000만 원입니다. 투자를 잘해서 매년 3%의 수익률을 복리로 계산한다면, 거의

3억 원에 가까운 노후자금이 준비되는 것입니다. 자, 연금저축펀드계좌를 만들고 납입해봅시다. 연금저축펀드계좌와 개인형 IRP계좌는 저를 통해 만드시면, 투자에 대한 조언도 받으실 수 있으니 이것 또한 일거양득이겠지요.

IRP는 뭔가요?

연금저축펀드계좌는 만들었는데요. 개인형 IRP계좌를 또 만들어야 한다고 하네요. IRP는 뭔가요?

개인형 퇴직연금

개인형 퇴직연금(IRP, Individual Retirement Pension)은 근로자가 재직 중에 가입할 수 있는 퇴직연금 상품이다.

IRP는 본인이 원하는 대로 언제든지 상품 운용 방식을 바꿀 수 있다. 정년이 가까워져 원리금 보장을 중시한다면 정기예금만으로 채워 상품을 운용할 수 있다. 반면 젊은 층은 펀드 등 상품을 함께 넣어 공격적으로 운용할 수 있다. 손실 가능성이 비교적 큰 주식형·주식혼합형 펀드는 전체 적립금의 70% 범위 내에서만 가입할 수 있다.

한편 복리효과도 볼 수 있다. 적립금에서 생긴 수익에 대한 세금이 일시금이나 연금을 수령할 때까지 이연된다. 수익에 대해 세금을 떼지 않고 재투자하기 때문에 복리 효과를 볼 수 있다. 일시금 대신 연금으로 받을 경우 세율도 3.3~5.5%로 낮아진다.

(출처 : 네이버 사전)

연금저축펀드계좌를 만들고 납입을 시작했다면, 개인형 IRP계좌도 미리 만들어 놓는 것이 좋습니다. 굳이 개인형 IRP계좌에 납입하지 않더라도 말입니다. 왜냐하면 근로하고 있는 회사에서 퇴직하게 되면, 회사에서 적립한 퇴직연금을 개인형 IRP계좌로만 받을 수 있기 때문입니다. 미리 만들어 두면 연금저축펀드계좌에 납입한도를 채운 후 개인형 IRP계좌에 더 납입해서 세액공제를 받을 수도 있고, 퇴직할 때 급하게 계좌를 만들지 않아도 되어서 편리합니다.

따라서 개인형 IRP계좌는 연금저축펀드계좌를 개설할 때 함께 만들어 두는 것이 좋습니다. 연금저축펀드계좌와 개인형 IRP계좌에서 투자할 수 있는 펀드상품이 조금씩 차이가 있기도 하지만, 요즘은 거의 같아지는 추세입니다. 그리고 개인형 IRP계좌에 돈을 넣어두기만 해도 수수료를 떼갔지만, 이마저도 다이렉트 IRP라는 상품 또는 IRP 수수료 면제 상품이 많이 나와 있어서 잘 살펴보고 자신에게 유리한 상품으로 계좌를 개설하면 됩니다. 역시나 이마저도 잘 모르겠다면 저에게 질문하시면 됩니다.

퇴직연금은 회사에서 알아서 적립해주겠죠?

회사에 다니고 있는데, 퇴직금이 잘 쌓이고 있겠지요?

회사에 다니고 있다면, 퇴직금이 쌓이고는 있을 것입니다. 어떤 종류의 퇴직금이 쌓이고 있는지는 알아봐야 합니다. 요즘은 퇴직연금으로 적립하는 경우가 대부분입니다.

퇴직연금제도란?
근로자의 안정적인 노후생활 보장을 위해 회사가 근로자에게 지급해야 할 퇴직급여(퇴직금)를 금융회사(퇴직연금사업자)에 맡겼다가 근로자가 퇴직 시 일시금 또는 연금으로 지급하는 제도다. 회사가 도산하는 등 문제가 생겨도 근로자는 금융회사로부터 퇴직급여를 안정적으로 받을 수 있다는 장점이 있다.

퇴직연금과 퇴직금은 다른 제도입니다. 차이점을 아주 간단하게 설명한다면 누가 돈을 지급하느냐입니다. 회사에서 지급하면 퇴직금이고, 회사에서 맡긴 금융기관에서 지급하면 퇴직연금입니다. 자신이 다니고 있는 회사에서 퇴직금으로 적립되고 있는지, 퇴직연금으로 적립되고 있는지 담당 부서에 문의하면 됩니다. 제가 만났던 고객들이나 지인 중 자신의 퇴직연금이 얼마나 적립되고 있는지, 어떤 상품에 투자되고 운용되는지 알고 있는 사람은 매우 적었습니다. 왜냐하면 회사에서 공지한다고 해도, 정작 퇴직연금을 적립하고 있는 자신도 큰 관심이 없기 때문입니다. 그래서 우리나라의 퇴직연금은 대부분 원리금 보장 상품에 적립되어 있습니다. 말 그대로 적립되어 있는 수준입니다. 내가 매달 적립하고 있는 소중한 돈이 원리금만 보장되는 상품에 아무런 일도 하지 않고 10~20년 동안 묶여 있다는 말입니다.

오늘 당장 회사에 물어봐서 나의 퇴직연금이 어떻게 적립되고 있는지 알아봅시다.

1. 얼마나 적립되어 있는지?
2. DB제도인지, DC제도인지?
3. 적립된 퇴직연금이 어떤 상품에 투자되고 있는지?
4. 투자되고 있는 상품을 변경할 수 있는지?

첫 번째로 얼마나 적립되어 있는지 확인해보세요. 생각보다 많은 돈이 적립되어 있어서 깜짝 놀라실 수도 있습니다. 두 번째로 DB인지, DC인지 알아봐야 합니다. 퇴직연금에는 3가지 종류가 있습니다.

- 확정급여형(DB, Defined Benefit)
- 확정기여형(DC, Defined Contribution)
- 개인형 퇴직연금(IRP, Individual Retirement Pension)

확정급여형(DB)

기존의 퇴직금액과 같은 DB형은 회사가 퇴직연금 재원을 금융회사에 맡겨 적립 및 운용하고, 근로자가 퇴직하면 정해진 금액을 지급합니다. 근무 마지막 연도의 임금을 기준으로 지급되기에 한 회사에 오래 다니고, 임금상승률이 큰 사람에게 적합합니다.

확정기여형(DC)

근로자 자신이 직접 운용이 가능한 DC형은 회사가 매년 임금 총액에서 일정 비율의 금액을 적립합니다. 따라서 임금 체불 위험이 있거나, 이직이 잦거나 임금 상승률이 낮은 사람에게 적합합니다.

개인형 퇴직연금(IRP)

퇴직 시 금액을 수령하거나, DB, DC 외에 추가 적립을 원할 때 개인적으로 개설해 적립합니다.

DB인 경우에는 회사에서 직접 운용하기 때문에 신경 쓸 것이 없습니다. 하지만 DC인 경우에는 회사에서 적립만 해주지, 운용은 내가 해야 합니다. 이것을 모르고 적립만 하는 분들이 정말 많습니다.

세 번째로 DC제도에 가입이 되어 있다면, 어떤 투자 상품에 투자되고 있는지 확인해야 합니다. 자신이 DC로 적립하고 있는지도 모르고 있는 분들이 많다고 했죠? 그렇기에 투자 상품도 거의 원리금 보장상품에 들어 있습니다. 왜냐하면 그렇게 해두어야 적어도 손실은 입지 않기 때문입니다. 손실이 없다면 수익도 없죠. 10~20년 동안 그 돈은 아무 일도 하지 않고, 가만히 손실 없이 적립되어 있습니다. 이것은 개인의 손실을 넘어 국가적인 손실입니다. 온 국민의 퇴직연금 자산 총액이 모두 한국증시나 미국증시에 투자되어 있다고 생각해보세요. 한국증시에 큰 도움이 될 것이고, 미국증시에 투자되어 외화를 벌겠죠.

그리고 마지막으로 투자하고 있는 상품을 변경할 수 있는지 알아봐야 합니다. DC제도라면 모든 펀드상품에 투자하지는 못하지만 제공되는 펀드상품이 꽤 많습니다. 그중에서 몇 가지를 골라 분산 투자할 수도 있고, TDF 같은 상품에 넣어두고 6개월에 한 번씩 확인하는 방법도 있습니다.

월급에서 얼마를 연금으로 넣어야 하나요?

Q 제가 월급으로 200만 원을 받고 있습니다. 연금저축펀드에 얼마를 넣어야 할까요?

노후자금을 대비하는 금액이 얼마인지 계산해보면 알 수 있습니다. 내가 벌고 있는 월급에서 얼마를 넣어야 하는지가 아니라, 내가 노후에 쓸 자금이 얼마인지 계산해보고 그것에 맞게 준비하는 것입니다.

은퇴 시기가 점점 앞당겨지고 있는 것 아시죠? 글을 쓰고 있는 지금, 은퇴 시기는 대략 55세입니다. 10년 후에는 아마도 50세 정도는 되어 있지 않을까 생각됩니다.

자료 5-12는 실제 퇴직 연령이 아닌, 체감 정년퇴직 연령이기 때문에 55세가 아닌 52세 정도입니다. 그렇다면 50세 정도에는 이미 노후 준비가 끝나야 안정된 노후생활을 할 수 있다는 말입니다. 요즘 60대는 노인이라고도 하지 않습니다. 소비와 여가생활을 오히려 더 자유롭

자료 5-12. 직장인 체감 정년퇴직 연령

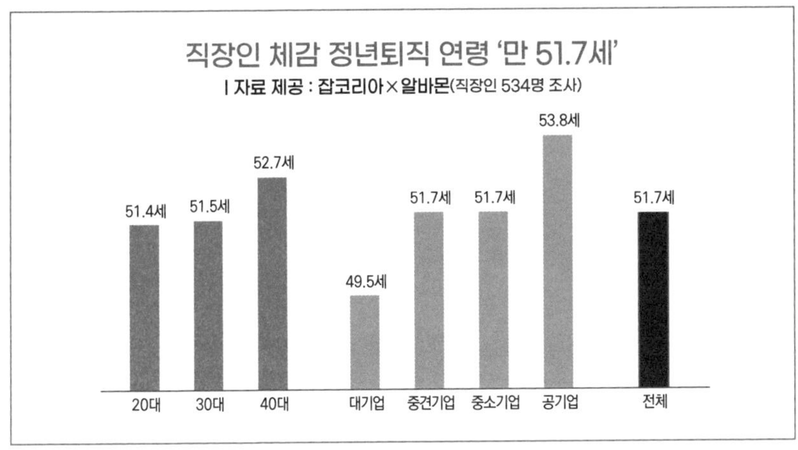

출처 : 잡코리아, 알바몬

게 할 수 있는 나이입니다. 따라서 노후생활보다는 은퇴 후 생활이라는 말로 대체되어야 하지 않나 싶습니다.

자료 5-13. 은퇴 후 재취업

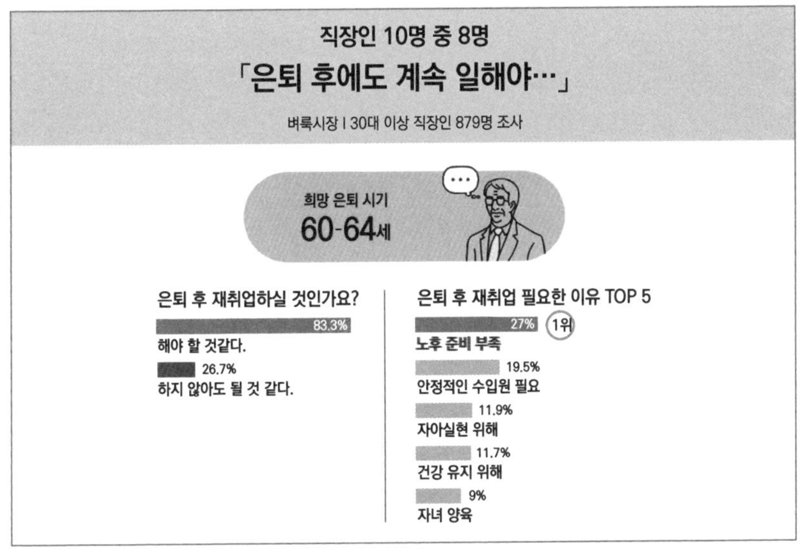

출처 : 벼룩시장

그래서 은퇴 후 재취업을 통해 소득을 마련하려는 분들이 많습니다. 주위에 패스트푸드점이나 커피숍에 심심치 않게 나이가 있으신 분들이 알바하고 있는 모습을 볼 수 있는 이유가 아닐까요? 다시 돌아와서 노후자금을 계산해봅시다.

55세 은퇴 후 100세까지 45년 동안의 노후자금 계산

(한 달에 100만 원 노후소득을 가정할 때)

100만 원 × 12개월 × 45년 = 5억 4,000만 원

엄청난 금액에 놀라셨죠? 한 달에 100만 원만 쓴다고 가정해도 노후자금은 5억 4,000만 원이 필요합니다. 그렇다면 25세부터 50세까지 근로한다고 가정하면, 월급에서 얼마를 적립해야 노후자금을 준비할 수 있을까요?

55세 은퇴 후 100세까지 45년 동안의 노후자금 계산

(월급에서 적립해야 할 금액)

5억 4,000만 원/(12개월 × 25년) = 180만 원

25세부터 50세까지 한 달에 180만 원 적립 시
50세부터 한 달에 100만 원씩 사용 가능한 노후자금 확보

이제부터 한 달에 180만 원을 적립하면 됩니다. 그런데 이렇게 적립할 수 있는 사람이 몇이나 될까요? 거의 없습니다. 200만 원을 벌어서 180만 원을 노후자금으로 적립한다고 하면 납득이 안 되겠죠. 방법을 알려드릴게요.

노후자금은 50세에 5억 4,000만 원이 있으면 됩니다. 50세 이후에 한 달에 100만 원씩 쓴다고 가정했을 때 말이죠. 그렇다면 복리의 마법을 이용해야 합니다. 그래서 투자가 중요하다는 말입니다. 투자하지 않으면 복리의 마법을 이용하지 못합니다.

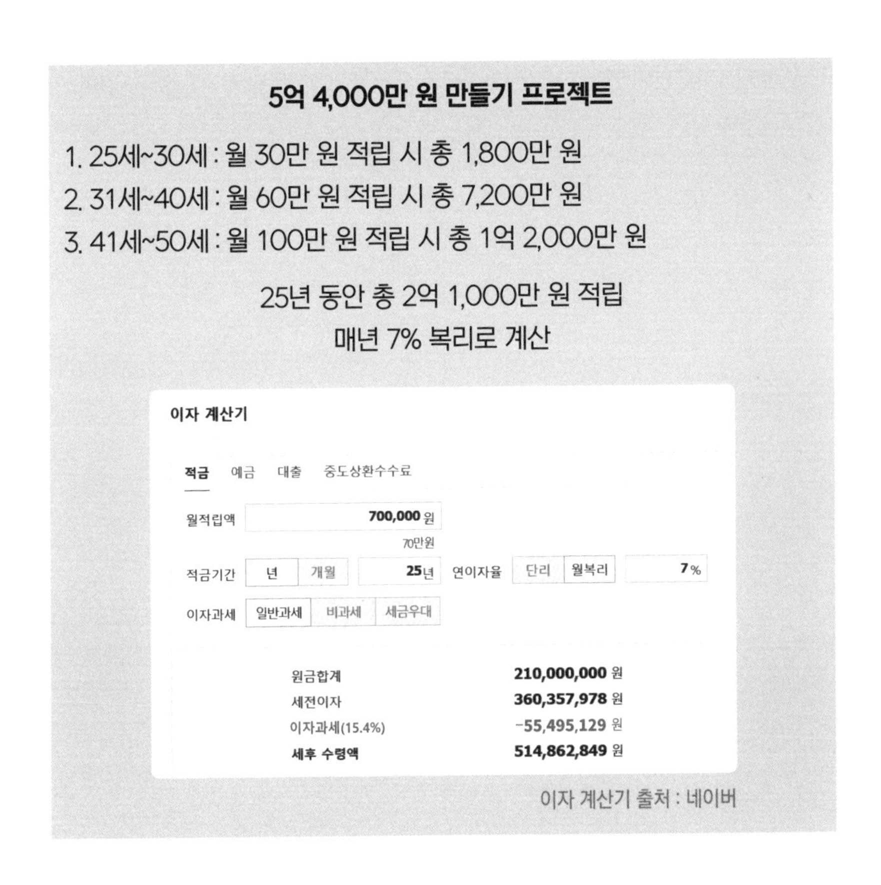
5억 4,000만 원 만들기 프로젝트

1. 25세~30세 : 월 30만 원 적립 시 총 1,800만 원
2. 31세~40세 : 월 60만 원 적립 시 총 7,200만 원
3. 41세~50세 : 월 100만 원 적립 시 총 1억 2,000만 원

25년 동안 총 2억 1,000만 원 적립
매년 7% 복리로 계산

이자 계산기 출처 : 네이버

매년 7%의 수익률을 올리는 것이 쉬운 일은 아닙니다. 하지만 장기 투자와 꾸준한 적립이 가능하다면 불가능한 수익률도 아닙니다. 투자하지 않고 복리의 마법이 없이는 원금합계액 2억 1,000만 원을 가지고 노후를 맞이해야 합니다. 더욱더 큰 문제는 이렇게 계획을 세워서 노후

를 준비하는 사람이 잘 없다는 것입니다. 이는 매우 심각한 노후빈곤을 겪을 수 있다는 이야기이고, 개인의 문제만이 아닌 사회적인 문제라고 할 수 있습니다.

지금부터라도 노후자금을 준비해봅시다. 앞의 예시처럼만이라도 준비하면 그래도 월 100만 원의 노후자금을 확보할 수 있고, 국민연금과 퇴직연금이 더해진다면 더 많은 노후자금을 확보한 상황이 될 것입니다.

연금의 완성은 꾸준함입니다

Q 어느 정도 돈을 벌고 연금저축을 시작하려고요. 지금 월급이 너무 적어서 연금까지 넣으려면 부담이 됩니다.

좋은 생각입니다. 어느 정도 종잣돈을 만들고, 연금저축을 시작하는 생각 말입니다. 부디 꼭 시작하시기를 바랍니다. 제가 이런 이야기를 하는 이유는 같은 질문을 하는 많은 사람을 상담해봤지만, 결국 나중에 연금저축을 시작하는 사람은 거의 없었습니다. 반면에 부담스럽지만, 급여 생활 초반부터 소액이라도 연금저축을 시작한 사람들은 계속 저축액을 늘려가는 케이스를 볼 수 있었습니다. 우리는 언제나 더 나은 생활환경이 되어야 무언가를 시작하려고 다짐합니다. 하지만 그 다짐을 실행으로 옮기는 사람은 매우 희박합니다. 왜냐하면 지금 시작하지 못하는 일을 나중에 시작하는 경우는 더 큰 결심이 필요하고, 실행력이 필요하기 때문입니다.

예를 들어 보겠습니다. 200만 원 급여를 받는 사람이 100만 원의 소비를 한다고 해봅시다. 500만 원으로 급여가 늘어나면 100만 원을 소비하고, 나머지 400만 원은 저축이나 투자를 할 수 있을까요? 아닙니다. 400만 원의 급여를 받게 되면, 소비도 100만 원이 아니라 200만 원 이상으로 늘어나게 됩니다. 라이프스타일의 변화가 생기기 때문입니다. 200만 원 급여로는 소비하지 못했던 것을 소비하기 시작합니다. 따라서 나중에 무언가를 하기 원한다면, 지금 당장 어떻게든 시작해야 합니다. 그렇게 꾸준히 습관을 만들어야 실력이 되고, 그 실력을 통해 자산을 불릴 수 있게 됩니다.

노후자금 확보에 대한 마음이 생겼다면 당장 오늘부터 노후자금을 적립합시다. '한 달에 10만 원 적립하는 것이 나의 노후를 바꿀 수 있을까?'라고 생각하지 마세요. 10만 원 적립이 30만 원, 50만 원, 100만 원의 적립을 할 수 있게 합니다. 꼭 기억하세요. 연금저축은 꾸준함이 생명입니다.

연금은 몇 살부터 시작해야 하나요?

나이는 25세이고 올해 취업했습니다. 부모님이 연금부터 시작하라고 하시는데, 이해가 안 갑니다. 저는 아직 어린데 굳이 노후대비를 위해 연금을 시작해야 할까요?

25세이면 적어도 40년은 더 있어야 노후라는 말이 어울릴 시기가 올 듯합니다. 부모님의 말씀이 이해가 안 가는 것도 어떤 심정인지 알 것 같습니다. 연금을 시작해야 하는 나이는 따로 정해져 있지 않습니다. 결국 내가 노후자금이 필요할 때 원하는 정도의 금액이 있으면 되는 것이지요. 매우 심플합니다. 60세부터 노후자금이 필요하다고 가정하면, 59세까지 노후자금이 준비되면 되는 것입니다. 그런데도 일찍 준비해야 한다고 필자도 늘 강조하고 있습니다. 그 이유는 매우 큰 자금이 필요하기 때문입니다. 30년 동안 매달 50만 원씩 적립하는 것보다 3년 동안 매달 500만 원씩 적립하는 것이 더 어렵겠죠. 어려우면 결국 포기하게 됩니다. 생각해봅시다. 노후자금을 포기하게 된다는 말입니다. 노후빈곤을 확정한다는 뜻이고요.

한 달 동안 할 운동을 하루에 몰아서 하는 사람은 매일 1시간씩 꾸준히 운동해온 사람을 이길 수 없습니다. 그만큼 꾸준함이 중요한 포인트라는 것이지요.

25세에 취업해서 이제야 내가 사고 싶은 것, 먹고 싶은 것 등을 마음대로 할 수 있게 되었는데, 연금을 시작하라니 이해가 안 가겠죠. 그러면 언제 시작하는 것이 적당할까요?

계획성이 있는 자산가들은 아이가 태어나자마자 연금저축을 적립해주는 경우도 있습니다. 비과세 증여를 이용하기 위해서죠. 부자 부모를 만나지 못해서 실망하라는 이야기가 아닙니다. 그만큼 계획적인 자산관리가 필요하다는 말입니다. 그리고 그것을 나의 자식들에게 물려줘야 할 때라는 것입니다. 1970년대처럼 취업해서 꾸준히 저축해서 결혼하고 집 사고 자식 키우는 데 넉넉한 자산을 형성할 수 있는 시대는 이제 막을 내렸습니다. 저축과 투자가 병행되어야 자산을 불릴 수 있고, 그것을 내가 일하지 못할 때 쓸 수 있어야 합니다.

결론을 말씀드리겠습니다. 연금저축펀드계좌를 만들고 적립을 시작하세요. 소비하고 싶은 것이 있다면, 1년 동안 연금 적립을 잘하고 3월 연말정산에서 세액공제 받은 금액으로 4월에 소비해보세요. 1년만 참으면 계획적인 연금 적립과 소비, 2마리의 토끼를 잡을 수 있게 됩니다.

한 달에 10만 원 넣은 연금저축펀드가 노후에 도움이 될까요?

Q 현재 연금저축펀드계좌에 한 달에 10만 원씩 넣고 있습니다. 이 정도 금액을 넣어도 노후에 도움이 될까요?

필자가 가장 중요하게 생각하는 것은 '지금 당장 무엇을 하고 있는가?'입니다. '이것만 충족되면 무언가를 꼭 해야지!'라는 결심은 결국 지키지 못할 가능성이 매우 큽니다. 왜냐하면 정확한 시기가 정해져 있지 않고, 정해져 있다고 해도 지금 당장 하지 못하는 일을 미래에 할 수 있다고 생각하고 믿는 것이 그저 생각으로 끝나기 때문입니다. 한 달에 10만 원씩 넣는 연금저축이 무슨 소용이 있을까요? 어쩌면 질문 속에 답이 있는지도 모르겠습니다. 맞습니다. 큰 도움이 되기는 힘듭니다. 물론 아예 적립하지 않는 것보다는 낫겠지요. 하지만 저는 이렇게 대답을 드리고 싶습니다. 지금 한 달에 적립하는 금액이 10만 원이지만, 조금씩 늘려갈 수 있는 가능성을 가지고 있기 때문에 그것에 큰 의미를 두어야 한다고 말이죠.

지금 연금저축을 쌓지 않고 갑자기 때가 되었다고 생각하고 쌓기 시작하는 것은 매우 힘든 일입니다. 연금 적립 기간이 짧으면 짧을수록 매달 적립해야 하는 돈은 늘어납니다. 지금 당장 한 달에 10만 원도 적립이 힘든데, 10만 원 이상의 적립을 해야 하는 시점이 온다면 포기하게 됩니다.

따라서 지금의 10만 원의 적립은 큰 의미를 둘 수 없을지도 모릅니다. 하지만 조금씩 늘려갈 수 있는 가능성이 있는 것만으로도 매우 큰 의미입니다. 결국 조금씩 늘려서 은퇴 시점에 노후자금이 5억 원 이상이 된다면 성공입니다. 지금 당장 시작해봅시다.

PART 06

배당과 월세, 제2의 소득 만드는 법

월급이 끊기면, 어떤 소득으로 살아가야 할까요?

은퇴 후에는 월급이 나오지 않을 텐데 어떤 소득으로 살아가야 할지 걱정이 됩니다. 준비할 수 있도록 도와주세요.

준비와 예방이라는 것은 문제가 생겼을 때 하는 것이 아니라 그 이전에 해놓아야 하는 것이죠. 은퇴 준비도 마찬가지입니다. 노후빈곤 예방도 그렇고요.

월급이 나오고 그것으로 한 달을 살아내는 것이 쉽지 않은 시대에 살고 있습니다. 이 상태에서 노후준비를 어떻게 하냐고 하소연하시는 분들이 많습니다. 저에게 상담을 요청했음에도 불구하고 말이죠. 걱정되어 상담을 신청했지만, 소비를 포기하지 못하고 노후는 걱정이 되는 아이러니한 상황입니다. 준비와 예방을 위해서는 지금 내가 하는 무언가에서 포기해야 합니다. 그것을 가지고 미래를 준비하고 예방하는 것이죠. 소비를 줄여야 합니다. 내가 지금 하고 싶은 소비를 미래로 미뤄야 노후자금을 모을 수 있습니다.

그렇다면 노후자금을 모은 것만으로 노후를 잘 살아갈 수 있을까요? 아닙니다. 넉넉한 노후자금을 모으는 것은 쉽지 않습니다. 대부분 사람이 넉넉한 노후자금을 마련하지 못하고 노후를 맞이합니다. 하지만 은퇴 후에도 소득을 발생시킬 수 있다면, 적당한 노후자금으로도 넉넉한 노후생활을 즐길 수 있겠죠. 비단 노후만을 위한 것은 아닙니다. 왜냐하면 근로소득 또는 사업소득이 발생되는 중에도 또 다른 소득이 있다면 그 돈으로 노후자금을 준비할 수도 있고, 가끔은 소비를 위해 지출할 수도 있기 때문입니다.

그것이 바로 배당입니다. 주식에 투자하면 배당을 주는 종목이 있습니다.

자료 6-1. 배당을 주는 한국 주식

| 배당

전체 코스피 코스닥

종목명	현재가	기준월	배당금	수익률 (%)	배당성향 (%)	ROE (%)	PER (배)	PBR (배)	과거 3년 배당금		
									1년전	2년전	3년전
대신증권	13,560	22.01	1,400	10.32	15.31	26.41	2.62	0.47	1,200	1,000	620
대신증권2우B	11,850	22.01	1,400	11.81	15.31	26.41	2.62	0.47	1,200	1,000	620
대신증권우	12,380	22.01	1,450	11.71	15.31	26.41	2.62	0.47	1,250	1,050	670
엠브레인	3,230	22.06	170	5.26	51.03	21.68	10.75	2.18	140	110	70
이지스밸류리츠	5,000	22.08	152	3.04	12.41	19.41	3.59	0.62	152	151	0
코리아에셋투…	8,050	22.03	700	8.70	26.80	18.89	4.77	0.83	450	300	250
SV인베스트먼트	2,285	22.03	60	2.63	29.83	16.52	18.40	2.85	50	30	60
SHD	37,750	22.01	100	0.26	2.10	15.40	6.28	0.90	100	100	100
아세아텍	2,805	22.06	50	1.78	9.05	10.48	5.55	0.51	50	39	39
이씨에스	4,030	22.03	150	3.72	35.14	10.43	12.32	1.24	130	100	60
포시에스	7,680	22.06	95	1.24	13.19	10.39	9.86	0.98	91	87	83
피제이전자	8,470	22.01	130	1.53	23.51	7.30	14.40	1.01	100	140	185
대신정보통신	1,175	22.03	10	0.85	18.75	7.27	41.71	2.95	10	10	10
신영증권	58,600	22.03	4,000	6.83	37.15	6.45	10.99	0.34	4,000	2,500	2,750
신영증권우	58,600	22.03	4,050	6.91	37.15	6.45	10.99	0.34	4,050	2,550	2,800
풍강	3,930	22.08	130	3.31	29.27	6.33	9.52	0.57	100	30	60
효성오앤비	9,020	22.06	100	1.11	21.24	5.35	24.33	1.26	0	100	0
대동전자	10,030	22.03	250	2.49	24.63	5.13	11.93	0.46	0	500	0
이리츠코크렙	5,330	22.06	210	3.94	146.81	3.65	40.44	1.50	204	175	175
기신정기	3,590	22.03	150	4.18	51.56	3.44	15.78	0.54	150	150	150
방림	5,650	22.09	45	0.80	29.41	2.78	34.50	0.82	45	35	40
만호제강	36,700	22.06	250	0.68	11.36	2.75	14.05	0.27	200	200	200
제이알글로벌…	4,500	22.06	183	4.06	238.03	1.65	63.17	1.05	183	147	0
신한알파리츠	7,070	22.09	198	2.80	326.11	1.38	116.18	1.37	177	164	150
SK리츠	5,220	22.09	68	1.30	178.59	0.83	124.14	1.01	71	-	-

출처 : 네이버 금융

배당받는 주기는 매월 또는 분기 또는 매년입니다. 사회초년기에는 배당에 중심을 두기보다는 성장하는 주식에 관심을 두고 투자하고, 어느 정도 종잣돈이 모이고 은퇴가 다가오면 배당주에 관심을 두는 것이 좋습니다. 그리고 월 배당, 분기 배당, 연 배당을 적절히 섞어서 투자하면 월급이 아닌 현금흐름도 매달 만들 수 있습니다.

주식은 배당, 부동산은 월세

Q 제가 아는 어떤 분은 주식에서 매달 돈이 나오고, 상가에서는 월세를 받습니다. 저도 그렇게 될 수 있을까요?

될 수 있습니다. 누구나 할 수 있어요. 하지만 쉽지는 않습니다. 쉽다면 누구나 배당받고 월세 받아서 생활하고 있겠지요. 배당주에 투자하게 되면 배당받습니다. 투자한 기업의 수익을 주주들에게 나누어 주는 것입니다. 그리고 상가를 매수하게 되면 월세를 받습니다.

여기서 한 가지 말씀드리고 싶은 것이 있습니다. 상가나 오피스텔, 아파트를 소유한 사람이 임대해주고 월세 받는 일이 언뜻 보면 일도 하지 않고 얻는 불로소득 같다고 생각하는 분들이 많습니다. 하지만 그렇지 않습니다. 임대인이 된다는 것은 편하게 돈을 번다는 뜻이 아닙니다. 제가 아는 임대인들은 누구보다 열심히 일하면서 가지고 있는 상가나 오피스텔, 아파트를 관리합니다. 그것에 드는 에너지가 생각보다 꽤 큽니다. 그저 놀고먹는데, 편히 돈 버는 사람이라는 고정관념을 갖지 마시기 바랍니다.

다시 돌아와서 배당과 월세에 관한 이야기를 좀 더 하죠. 건물을 매수하고 임대하는 일은 자본금도 많이 들고 시간도 오래 걸립니다. 그래서 투자를 통해 종잣돈을 마련하고 불려서 건물을 매수해야 합니다. 역시 투자는 필수겠죠. 투자할 때 배당주에 투자해서 매월 현금흐름을 만들 수 있습니다. 그것으로 또 다른 종목을 매수할 수도 있고, 이미 가지고 있는 종목을 더 살 수도 있겠죠. 이것을 '재투자'라고 합니다. 배당주에 재투자하게 되면 거기에서 또 배당이 나오죠. 꿩 먹고 알 먹기입니다. 하지만 배당주에만 올인하는 것은 추천하지 않습니다. 왜냐하면 기업에서 잉여 현금을 투자하지 않고 배당을 준다는 것은 이제는 성장보다는 현금흐름에 중점을 둔다는 이야기입니다. 그렇다면 주가의 상승은 기대하기 힘들겠죠. 그래서 배당주와 성장주, 가치주를 골고루 섞어 포트폴리오를 만들어야 합니다.

우리도 배당받고 월세 받아서 한 달을 살아갈 수 있습니다. 배당이나 월세를 받으면서 근로소득이나 사업소득도 발생한다면 더 좋겠죠. 함께해봅시다.

주식 투자하는데 매달 배당금이 입금된다고?

Q 우리나라는 1년에 한 번 배당금을 주는데, 미국 주식은 매달 주는 곳도 있나요?

네, 맞습니다. 미국 주식은 분기 배당이 대부분입니다. 매월 배당금을 주는 곳도 많이 있습니다. 회사의 이익을 주주들에게 돌려주려고 하는 문화가 잘되어 있기 때문입니다. 그리고 그것을 통해서 회사의 이미지도 형성됩니다. 우리나라 기업들은 여전히 1년에 한 번 배당하는 것을 고수하고 있습니다. 하지만 삼성전자 같은 기업은 분기 배당하고 있습니다.

월 배당은 1년에 줄 배당금을 매월 나누어서 지급한다고 생각하면 됩니다. 매월 배당받는 주주들은 현금흐름을 만들 수 있습니다. 저의 목표 중 하나인 월 배당 100만 원 만들기가 매월 현금흐름을 만들기 위함도 있지만, 은퇴 후 급여가 나오지 않는 상황이 왔을 때 급여처럼 매월 받기 위함도 있습니다. 배당률을 5%라고 가정하고, 매월 100만 원의 배당금을 받기 위해서는 2억 4,000만 원이 필요합니다. 노후자금으로 최소한 5억 원은 마련해두어야 합니다. 그러면 5억 원이 준비된다면 반은 배당주에 넣어두고 배당금을 받고, 나머지 반은 계속 투자하고 일정 금액을 출금해서 쓰면 됩니다. 물론 배당주를 산다고 해서 원금손실이 없는 것은 아닙니다. 주식 가격이 떨어지면 원금손실이 될 수도 있겠죠. 그래서 계속 투자에 대한 경험을 쌓아야 하고 실력을 키워놓아야 합니다.

자료 6-2. 골든트리 타겟인컴 월 지급식 상품

"골든트리 타켓인컴 월지급식" 보유종목 세부정보

2023년 1월 13일(금) 기준

골든트리 투자자문

■ 보유종목 개요

구분	(티커) 종목명	투자비중	분배금(배당) 지급주기	종목 특징
역외 ETF	(NDIV) Amplify Natural Resources Dividend Income ETF	25.0%	Quarterly	에너지, 광물 등 천연자원 관련 고배당 주식에 투자
역외 ETF	(MDIV) First Trust Multi-Asset Diversified Income Index Fur	10.0%	Monthly	주식,리츠,우선주,MLPs,HY채권 각 20% 분산 투자(멀티에셋 투자)
역외 ETF	(TIP) iShares TIPS Bond ETF	10.0%	Monthly	미국 5~10년물 물가연동국채 투자 (물가연동 Coupon 상승)
역내 리츠	(088260) 이리츠코크렙	18.0%	반기	리테일 리츠, 이랜드리테일 중저가 백화점 보유
역내 리츠	(348950) 제이알글로벌리츠	17.0%	반기	오피스 리츠, 벨기엘 파이낸스타워 보유 (임차인 벨기엘 정부)
역내 리츠	(334890) 이지스밸류리츠	17.0%	반기	오피스 + 물류센터 등 복합형 리츠

■ 보유종목 최근 12개월 분배금 지급 현황

분배금 / Month	USDKRW환율 (월말기준)	1주당 분배금(USD, 달러)			1주당 분배금(KRW, 원)					
		NDIV($)	MDIV($)	TIP($)	NDIV(₩)	MDIV(₩)	TIP(₩)	이리츠코크렙	제이알글로벌리츠	이지스밸류리츠
2022년 1월	1,205.90	0.0000	0.0553	0.0000	0	67	0	0	0	0
2022년 2월	1,202.50	0.0000	0.0722	0.4388	0	87	528	0	0	0
2022년 3월	1,211.90	0.0000	0.0905	0.2290	0	110	278	204	0	0
2022년 4월	1,255.85	0.0000	0.0530	0.7984	0	67	1,003	0	190	0
2022년 5월	1,237.50	0.0000	0.1090	0.9379	0	135	1,161	0	0	0
2022년 6월	1,298.80	0.0000	0.0974	1.3667	0	127	1,775	0	0	152
2022년 7월	1,299.25	0.0000	0.0312	0.5652	0	41	734	0	0	0
2022년 8월	1,338.10	0.0000	0.1140	1.1538	0	153	1,544	0	0	0
2022년 9월	1,431.15	0.1960	0.1173	1.4384	281	168	2,059	210	0	0
2022년 10월	1,424.65	0.0000	0.0620	0.0000	0	88	0	0	190	0
2022년 11월	1,318.40	0.0000	0.0908	0.0000	0	120	0	0	0	0
2022년 12월	1,265.50	0.1967	0.1114	0.4799	249	141	607	0	0	152
12개월 Total		$ 0.3927	$ 1.0041	$ 7.4080	₩ 529	₩ 1,301	₩ 9,688	₩ 414	₩ 380	₩ 304
현재 가격	1,241.35	$ 27.89	$ 15.73	$ 108.17	₩ 34,618	₩ 19,520	₩ 134,277	₩ 5,360	₩ 4,430	₩ 4,990
시가배당수익률		1.41%	6.39%	6.85%	1.53%	6.67%	7.21%	7.72%	8.58%	6.09%

※ NDIV(Amplify Natural Resource Dividend Income ETF) : 2022.8.24 상장 , 2022.9.30 첫 분배금 지급, 기초지수 배당수익률 연 9~10%

※ 역외 ETF 원화 가격은 월말 기준 USDKRW 환율 적용해서 산출

출처 : 골든트리 투자자문

골든트리 투자자문의 자문상품인 타겟인컴 월 지급식 상품의 세부정보입니다. 2022년 1월부터 12월까지 배당수익률을 6% 이상 기록하고 있습니다. 이 상품은 우리나라 ETF와 해외 ETF를 적절히 배분하고 매

달, 분기, 반기 배당을 받아 매월 배당으로 나누어 주는 구조입니다. 분산 투자와 월 배당이 잘되어 있는 경우입니다.

개인적으로 리밸런싱과 ETF 분석을 할 수 있다면, 굳이 자문료를 따로 내지 않고 스스로 투자해서 매월 현금흐름을 만들 수도 있습니다.

자료 6-3. 리얼티인컴 배당 내역

리얼티인컴 67.86 -0.04 (-0.06%)

O 배당

배당 인사이트

배당락일	배당	유형	지불일	수익률
2023년 01월 31일	0.2485	1M	2023년 02월 15일	4.57%
2022년 12월 30일	0.2485	1M	2023년 01월 13일	4.66%
2022년 11월 30일	0.248	1M	2022년 12월 15일	4.78%
2022년 10월 31일	0.248	1M	2022년 11월 15일	4.78%
2022년 09월 30일	0.248	1M	2022년 10월 14일	5.14%
2022년 08월 31일	0.2475	1M	2022년 09월 15일	4.31%
2022년 07월 29일	0.2475	1M	2022년 08월 15일	4.04%
2022년 06월 30일	0.2475	1M	2022년 07월 15일	4.28%
2022년 05월 31일	0.247	1M	2022년 06월 15일	4.27%
2022년 04월 29일	0.247	1M	2022년 05월 13일	4.08%
2022년 03월 31일	0.247	1M	2022년 04월 15일	4.22%
2022년 02월 28일	0.2465	1M	2022년 03월 15일	4.39%

출처 : 인베스팅닷컴

미국 주식 시장에 상장되어 있고, 월 배당으로 유명한 리얼티인컴의 배당 내역입니다. 수익률이 매달 변하는 이유는 주가가 변하기 때문입니다. 주식 가격이 오르면 배당수익률은 줄어들겠죠. 반대면 늘어나고요.

자료 6-4. 맥쿼리인프라 배당 내역

맥쿼리인프라 12,130 0 (0.00%)

088980 배당

배당 인사이트

배당락일	배당	유형	지불일	수익률
2022년 12월 28일	390	F	2023년 02월 28일	6.70%
2022년 06월 29일	380	I	2022년 08월 29일	5.67%
2021년 12월 29일	380	F	2022년 02월 28일	-
2021년 07월 01일		O	2021년 07월 21일	-
2021년 06월 29일	370	I	2021년 08월 27일	-
2020년 12월 29일	360	F	2021년 02월 26일	-
2020년 06월 29일	360	I	2020년 08월 31일	6.05%
2019년 12월 27일	350	F	2020년 02월 28일	5.87%
2019년 06월 27일	350	I	2019년 08월 30일	5.46%
2018년 12월 27일	312	F	2019년 02월 28일	6.60%
2018년 06월 28일	310	I	2018년 08월 31일	6.64%
2017년 12월 27일	290	F	2018년 02월 28일	6.35%

출처 : 인베스팅닷컴

한국 주식 시장에 상장되어 있는 맥쿼리인프라입니다. 반기 배당을 하고 있습니다. 배당 내역을 보면 알겠지만 배당률도 꽤 높고, 배당도 안정적으로 지급하고 있습니다.

개별종목과 ETF를 적절히 잘 분배하거나 투자자문 상품을 통해 매월 현금흐름을 만들어 봅시다!

월 100만 원 배당금 받으려면 얼마를 투자해야 하나요?

> Q 월급처럼 한 달에 100만 원 정도 배당금을 받고 싶어요. 얼마 정도를 투자해야 하나요?

매우 훌륭한 생각입니다. 월급에만 기대지 않고, 월급 외의 수입을 생각하는 자체부터 이미 절반의 성공입니다. 한 달에 100만 원의 배당금을 받으면 1년에 1,200만 원을 받는 것입니다(배당소득으로 인한 세금은 따로 계산하지 않겠습니다). 그러면 계산해봅시다.

배당수익률에 따른 투자금 계산

(월 100만 원 배당소득 기준)

1. 3% : 4억 원
2. 4% : 3억 원
4. 5% : 2억 4,000만 원
5. 6% : 2억 원
6. 7% : 1억 7,000만 원

배당수익률은 주식 가격에 대비해 계산하는 것입니다. 한 종목에 대한 배당수익률이 계속 변동하는 이유도 주식 가격이 계속 변동하기 때문입니다. 따라서 투자에 경험이 쌓이고 실력이 쌓이면, 주식 가격이 저렴하다고 생각할 때 배당주에 투자해놓으면 시간에 따른 수익을 얻을 수 있습니다. 이미 실력이 있으므로 일부 자금은 배당주에, 다른 일부는 성장주나 가치주에 투자해놓으면, 배당금과 주가차익을 동시에 기대할 수 있습니다. 그래서 투자의 습관과 경험, 실력이 중요하다는 이야기를 계속 강조하고 있는 것입니다.

앞의 배당수익률에 따른 투자금 계산을 보고 한숨을 쉬는 독자가 있겠지요. 왜냐하면 지금 당장 1억 7,000만 원이라는 돈이 없기 때문입니다. 하지만 저것은 계산해놓은 것이지, 지금 당장 저 돈을 가지고 배당주에 투자해서 월 100만 원의 배당금을 꼬박꼬박 가져갈 수 있다는 뜻은 아닙니다. 천천히 모아 보세요. 지금 받는 월급에서 일부는 연금저축펀드에, 일부는 배당주에, 그리고 일부는 직접 투자해서 개별종목에 넣어 보세요. 당장 꾸준한 수익을 내기는 힘듭니다. 하지만 적은 돈에서 실패를 거듭하고, 수정해 나가며, 경험이 쌓이고, 실력이 쌓이면 종잣돈이 모였을 때 큰 빛을 발하게 됩니다. 자산은 천천히 모아가는 것입니다. 어떤 사람은 한 번에 큰돈을 벌기도 합니다. 하지만 그것은 매우 확률이 낮습니다. 소수의 사람이 할 수 있는 일입니다. 적은 확률에 기대기보다는 그보다 큰 확률에 기대봅시다. 천천히 투자하며 모아가고 실력을 쌓아서 월 100만 원의 배당금에 도전해봅시다!

주식 투자는 모두 배당주로만 하면 되겠죠?

Q 배당을 주는 주식이 있던데, 투자도 하고 배당금도 받으면 두 마리 토끼를 잡는 것 아닌가요? 저는 이제 배당주로만 투자할 거예요!

투자한 종목의 주식 가격도 오르고 배당도 받으면 성공 투자입니다. 시세차익으로 수익을 얻는 것도 좋은 투자인데, 거기에 배당까지 받으면 금상첨화입니다. 그렇다면 배당주로만 투자해서 시세차익과 배당금 수익까지 한 번에 노리면 되는데, 왜 그렇게 하지 않는 것일까요? 다 이유가 있습니다.

기업이 배당한다는 것은 주주에게 기업의 이익을 돌려주기 위함입니다. 그러면 주식 가격이 더 올라서 주주들의 자산을 불려주는 것도 주주환원입니다. 주식 가격이 오르기 위해서는 여러 가지 방법이 있지만, 그중에서도 가장 확실한 것은 기업이 돈을 더 잘 벌면 되는 것입니다. 주식 가격에는 많은 것이 담겨 있습니다. 결국 기업의 가치가 주식 가격에 가장 많이 반영되어 있죠. 예를 들어 보겠습니다.

1. 60세의 나이로 은퇴한 후 월 1,000만 원의 노후소득을 확보한 사람
2. 20세부터 창업을 시작해 지금 30세의 나이로 스타트업 대표이지만, 현재 월 500만 원의 사업소득을 만들어가고 있는 사람

과연 둘 중 어떤 사람의 미래 가치가 더 클까요? 사람마다 이견이 있겠지만, 저는 2번의 가치가 더 크다고 생각합니다. 왜냐하면 1번은 충분한 노후소득을 확보했으나 더 발전할 가능성은 2번보다는 작다고 생각하기 때문입니다.

기업도 마찬가지입니다. 배당을 한다는 것은 미래를 위한 투자를 더 이상 할 필요가 없다는 뜻입니다. 극단적인 예시이지만 1번의 경우에 해당하는 것이지요. 미래를 위한 투자를 계속해야 하는 기업은 배당할 여력이 없습니다. 잉여현금흐름을 재투자하기 바쁩니다.

현시점에 가장 투자를 잘하는 투자자로 꼽히는 워런 버핏(Warren Buffett)도 코카콜라로 엄청난 투자 수익을 거두었지만, 애플이 가장 큰 비중을 차지하고 있고, 여러 가지 사업도 동시에 하고 있습니다. 세계에서 가장 투자 잘하는 사람도 배당주, 성장주, 가치주 투자와 사업소득을 동시에 하고 있다는 말입니다.

결론입니다. 배당주에만 투자한다면 배당수익으로는 자산의 증가가 있겠으나 주식 가격의 시세차익으로 얻는 수익은 그리 크지 않을 가능성이 큽니다. 따라서 가치주와 성장주, 근로소득, 사업소득, 부동산 투자 등을 자신의 자산 포트폴리오에 편입시켜서 소득의 분산을 해놓아야 합니다.

배당도 세금을 내나요?

배당금이 입금되었는데, 생각보다 덜 입금되었어요. 알아보니, 세금을 제외하고 입금해주기 때문이라는데 맞나요?

맞습니다. 배당금이 입금될 때 배당소득세를 제외하고 받게 됩니다. 배당소득세란 배당금에 적용되는 세금입니다. 2,000만 원 이하는 15.4%를 제하게 되고, 배당금이 2,000만 원을 넘으면 종합소득세로 과세됩니다.

주당 100원의 배당금을 주는 주식을 1,000주 가지고 있다면 다음과 같습니다.

- 세전 입금액 : 100원×1,000주 = 100,000원
- 배당소득세 : 100원×1,000주×15.4% = 15,400원
- 실제 입금액 : 100,000원-15,400원 = 84,600원

요즘에는 배당소득세를 제외한 실제 입금액을 배당예상금액으로 표시해주는 어플도 있고, 주식 앱(MTS)에서도 확인이 가능합니다.

자료 6-5. 증권플러스 앱 배당금 계산기

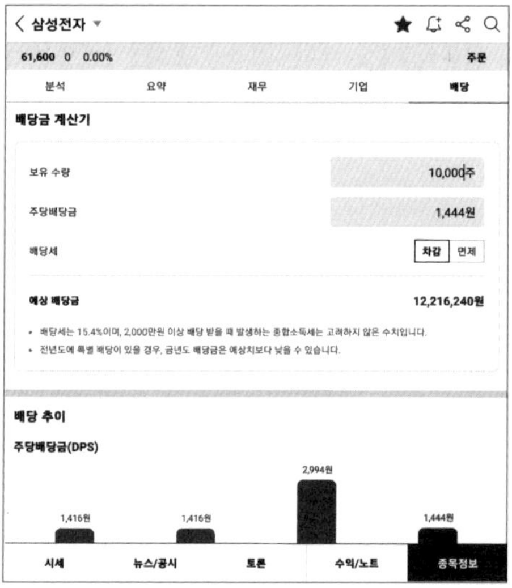

출처 : 증권플러스

보유수량을 넣으면 주당배당금이 자동 계산되고, 배당세(배당소득세)를 차감할 것인지, 면제할 것인지를 선택하면 예상 배당금이 조회됩니다. 그동안의 배당금을 얼마씩 주었는지 배당 추이도 확인할 수 있습니다.

이렇듯 배당금에는 세금이 붙기 때문에 주당배당금과 보유수량으로만 계산하면, 내가 예상한 배당금보다 적게 입금이 되어서 당황할 수 있습니다. 하지만 이제는 알게 되었으니 미리 잘 계산해서 예상되는 금액으로 입금되는 기쁨을 누리시길 바랍니다. 1년에 한 번 배당을 주는 곳이 대부분인 우리나라 종목과는 달리, 미국 주식에는 매월 배당을 주는 곳도 꽤 많습니다. 분기마다 배당하는 것은 대부분이 그렇고요. 그러니 미국 주식 배당에도 관심을 가지면 좋겠습니다.

배당받으면 주식 가격이 떨어지는 것 아닌가요?

> **Q** 배당을 주면 주식 가격이 떨어지는 것 아닌지 걱정이 됩니다. 주식 가격이 떨어지는 것은 원금손실이라서 위험한 것 아닌가요?

투자하면서 많은 걱정을 하게 됩니다. 그중 첫 번째가 원금손실에 관한 것인데요. 내가 투자한 돈에서 손실을 보고 싶지 않은 마음은 누구나 같습니다. 그래서 투자받은 사람들도 그것을 이용합니다. 원금을 돌려주면 투자자들이 안심하기 때문입니다. 수익은 없어도 내가 투자한 돈을 잃지 않았다는 안도감 때문입니다. 하지만 이것은 크게 잘못된 문화입니다. 투자자들은 자신의 원금 손실에 대한 두려움을 떨쳐내야 합니다. 수익은 손실이 뒤따르기 마련입니다. 예를 들어 내가 10년 동안 모은 돈으로 퇴사하고 사업을 시작한다고 해봅시다. 사업을 시작하기 위해 준비하는 과정에서 큰 비용이 듭니다. 10년 동안 모은 돈에 손실이 발생한 것입니다. 하지만 그 누구도 손실이라고 생각하지 않고, 당연히 초기비용이 들어간다고 생각할 것입니다. 시간이 지나서 사업이 안정적으로 운영되면, 초기비용의 손실은 수익으로 바뀌게 됩니다. 투자도 마찬가지입니다. 원금손실의 위험 없이 수익을 바란다면 결국 큰 수익을 얻지 못합니다. 왜냐하면 큰 수익은 큰 손실의 위험을 감수하고 기대하는 것이기 때문입니다.

배당금을 받게 되면 주식 가격은 배당금만큼 떨어지게 되어 있습니다. 그것을 '배당락'이라고 합니다. 배당이 결정되고 그다음 날 배당금만큼 주식 가격에서 빼고 주식 시장이 시작됩니다.

배당락

첫째, 배당기준일이 경과해 배당금을 받을 권리가 없어지는 것을 의미한다.
둘째, 주식 배당으로 주식 수가 늘어난 것을 감안, 시가총액을 배당락 전과 동일하게 맞추기 위해 주가를 인위적으로 떨어뜨리는 것을 말한다.

(출처 : 네이버 사전)

그리고 배당락이 되기 전까지 주식을 보유해야 배당받을 권리를 얻게 됩니다. 따라서 배당을 받게 되면, 주식 가격은 그만큼 떨어지게 되어 있습니다. 떨어진 주식 가격만큼 회복하거나 더 상승하는 종목이 있는 반면, 배당락 이후 떨어진 주식 가격을 회복하지 못하는 종목도 있습니다. 그것은 투자의 영역이지, 배당의 영향이 아닙니다. 그래서 배당주에만 투자하는 것을 지양하고 성장주, 가치주, 배당주 등 여러 종목에 분산 투자해야 합니다.

그리고 원금손실이라는 것에 대한 부담감을 느끼기 이전에 내가 투자할 종목에 관한 분석을 해보고, 분할매수 하면서 손실을 최소화할 전략을 갖는 것이 더 좋습니다. 수익이 있는 곳에는 손실이 있습니다. 그리고 주식 가격의 상승을 위해서는 주식 가격이 하락하는 구간도 있어야 합니다. 그 이유는 시장에 의해서 가격이 결정되는 것이기 때문입니다. 김장철에 배추가격이 올랐다가 김장철이 지나면 다시 원래의 가격으로 돌아가는 이유가 그것 때문입니다. 사고 싶은 사람이 많으면 가격은 올라갑니다. 반대의 경우에는 다시 떨어지겠죠. 이것이 반복되면서 가격은 장기적으로 상승하게 됩니다.

배당도 받으면서 주식 가격을 유지할 수 있는 체력을 가진 종목을 찾는 것이 중요합니다.

배당은 왜 하죠?

배당하는 것도 회사 입장에서는 결국 지출이니까 좋아하지는 않을 것 같은데, 배당은 왜 하는 거예요?

배당

주식을 가진 사람들에게 그 소유 지분에 따라 기업이 이윤을 분배하는 것이다. 기업, 즉 회사는 영업활동을 통해 이익이 일어나고, 그 이익을 주주에게 배분하는 게 원칙이다.

배당은 영업연도를 기준으로 한다. 회사는 결산할 때마다 영업보고서, 재무제표, 감사보고서 등을 정기 주주총회에서 승인받아야 한다. 배당금은 정기 주주총회나 이사회에서 지급시기를 따로 정한 경우를 제외하고는 주주총회 승인 뒤 1개월 안에 지급해야 하며, 배당금에 대한 지급청구권의 소멸시효는 5년이다.

(출처 : 네이버 사전)

배당은 주식회사의 목적입니다. 회사의 지출이 아닙니다. 배당은 주주의 권리입니다. 주식회사는 주주들이 있기에 존재하는 것입니다. 주주의 이익을 위해 최선을 다해야 합니다. 따라서 주주를 중요하게 생각하는 문화가 우리나라에도 정착이 되어야 합니다. 주식회사는 그 회사를 이끄는 회장님, 사장님의 소유가 아닙니다. 주주환원을 위해 노력해야 합니다.

자료 6-6. A주식회사의 현금 현물배당 결정 공시

현금 · 현물배당 결정		
1. 배당구분		결산배당
2. 배당종류		현금배당
- 현물자산의 상세내역		-
3. 1주당 배당금(원)	보통주식	220
	종류주식	-
- 차등배당 여부		미해당
4. 시가배당율(%)	보통주식	6.7
	종류주식	-
5. 배당금총액(원)		26,920,752,100
6. 배당기준일		2022-12-31
7. 배당금지급 예정일자		-
8. 주주총회 개최여부		개최
9. 주주총회 예정일자		2023-03-29
10. 이사회결의일(결정일)		2023-02-07
- 사외이사 참석여부	참석(명)	4
	불참(명)	-
- 감사(사외이사가 아닌 감사위원) 참석여부		-
11. 기타 투자판단과 관련한 중요사항		
- 상기내용은 제22기(2022.1.1~2022.12.31)정기주주총회에 부의안건으로 상정할 예정이며 외부감사인의 감사결과 및 주주총회 승인 과정에서 변경될 수 있습니다. - 상기 '시가배당율'은 주주명부폐쇄일 2매매거래일 전부터 과거 1주일간 거래소시장에서 형성된 최종가격의 산술평균가격에 대한 1주당 배당금의 백분율로 산정하였습니다. - 상기5항 배당금총액(원)은 발행주식총수 123,977,752주에서 자기주식 1,610,697주를 차감한 122,367,055주를 대상으로 산정된 금액입니다. - 상기 7항의 배당금지급 예정일자는 상법 제464조 2의 규정에 의거 주주총회 결의 후 1개월 이내 지급 예정입니다.		
※ 관련공시	2022-11-25 수시공시의무관련사항(공정공시)	

출처 : KRX공시

A주식회사의 배당공시입니다. 1주당 220원씩 배당금을 지급하기로 결정했고, 배당금총액이 무려 269억 원입니다.

자료 6-7. A주식회사의 2022년 이익 추정치

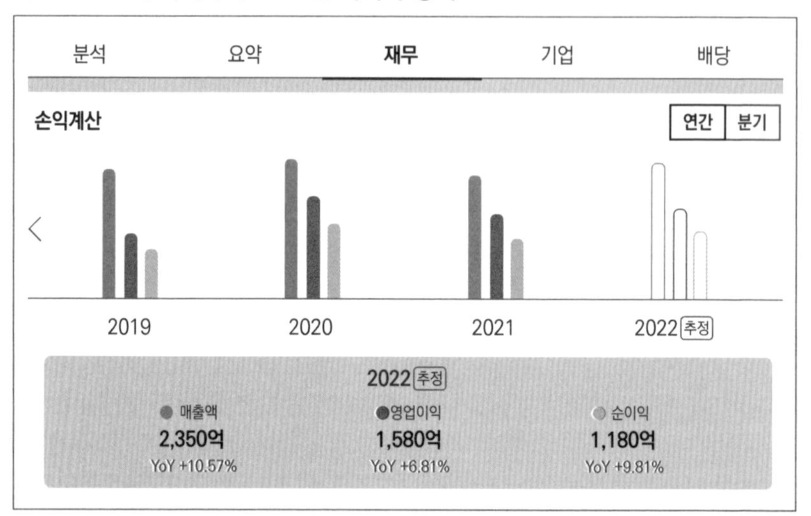

출처 : 증권플러스

A주식회사의 2022년 순이익 추정치는 1,180억 원입니다. 따라서 순이익의 23%를 주주들에게 환원한 것입니다. 여기서 23%는 'A주식회사의 순이익에서 몇 %를 배당으로 지급하는가?'에 대한 지표, 즉 '배당 성향'이라고 부릅니다. 물론 주주의 입장에서는 배당 성향이 100%라면 좋겠지만, 모든 순이익을 주주에게 환원한다면 결국 회사는 소멸되고 말겠죠. 따라서 무조건 배당을 많이 주는 종목을 고르기보다는 배당 성향도 꼼꼼히 살펴야 합니다. 필자가 생각하는 배당 성향의 적정선은 30%를 넘지 않는 것입니다.

배당은 주주의 권리이고, 주식회사의 목적입니다. 주주환원에 적극적이고, 주주 친화적인 기업이 우리나라에도 늘어나길 바랍니다.

미국 주식은 배당도 달러로 입금되나요?

Q 미국 주식은 달러로 사는데, 배당도 달러로 입금되나요?

네, 맞습니다. 미국 주식의 배당은 달러로 입금됩니다. "결국 원화로 바꿔서 받을 텐데, 달러로 입금되는 것이 무슨 소용인가요?"라는 질문을 할 수도 있습니다. 하지만 달러로 입금이 된다는 것은 매우 큰 이득이 있습니다. 달러로 받아서 그대로 미국 주식을 달러로 살 수도 있고, 배당받은 달러를 굳이 원화로 환전하지 않고 가지고 있다가 환율이 오르면 환차익도 얻을 수 있기 때문입니다. 그리고 미국 주식은 분기 배당이 거의 기본이고, 월 배당을 주는 것도 많아서 매월 현금흐름을 달러로 만들 수 있다는 장점이 있습니다. 필자도 미국 주식으로 매월 현금흐름을 만들고 있고, 한 달에 100만 원의 배당을 받는 것을 목표로 계속 모아가고 있습니다.

미국 주식은 양도세를 냅니다. 1년에 한 번 미국 주식을 사고판 금액 중에 수익을 얻은 금액의 22%를 세금으로 내야 합니다. 수익이 250만 원까지는 과세되지 않지만, 그 이상부터는 22%의 세금을 내도록 신고해야 합니다. 미국 주식은 시세차익을 남기게 되면 한국 주식의 시세차익보다 적습니다. 왜냐하면 양도세를 내야 하기 때문입니다. 따라서 한국 주식은 시세차익을 남기는 방법을 사용하고, 미국 주식은 자주 사고팔아 시세차익을 남기기보다는 배당을 위주로 구성을 하는 것이 유리합니다. 하지만 이런 전략도 미국 주식을 통해 매우 큰 수익을 얻는 사람에게 해당되는 것이지, 크지 않다면 22%의 양도세를 내는 것에 관한 생각을 하지 않는 것이 좋습니다.

자료 6-8. 배당금 입금 문자 메시지

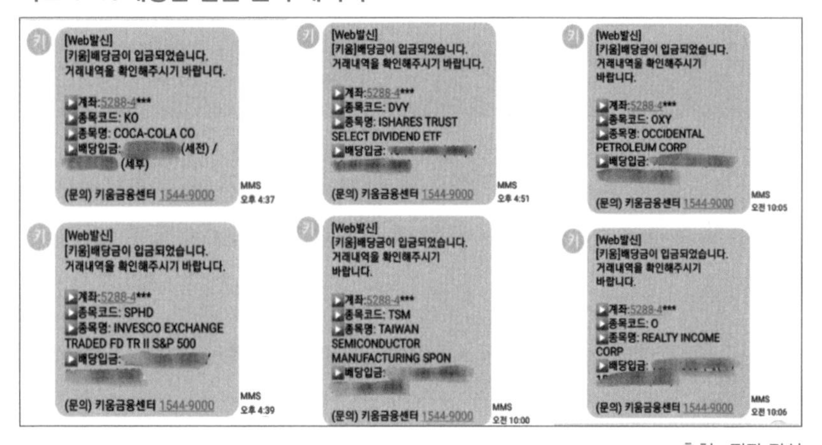

출처 : 필자 작성

필자가 실제로 받았던 문자 메시지입니다. 매월 저런 달러 입금 문자 메시지가 온다고 생각해보세요. 생각만으로도 행복하겠죠?

미국 주식으로 매월 배당받을 수 있는 포트폴리오를 만들어 보세요.

오피스텔을 하나 사서 월세 받으면 되는 거죠?

오피스텔을 하나 사서 월세 받는 게, 주식 배당금 매월 받는 것보다 더 안정적인 소득 아닌가요?

그렇게 생각할 수 있습니다. 오피스텔을 사서 월세를 받는 행위가 매우 쉬워 보이기 때문입니다. 오피스텔뿐만 아닌 부동산을 소유하고, 그것을 다른 사람에게 임대해주고 받게 되는 소득에 대한 오해가 있는 것 같습니다. 흔히 말하는 불로소득, 즉 노동 없이 소득을 받게 된다고 생각합니다. 하지만 그렇지 않습니다. 모든 물건은 감가상각이 발생합니다. 부동산도 마찬가지입니다. 오피스텔도 신축을 구입했어도 결국에는 노후 됩니다. 그리고 세입자가 계속 유지된다는 보장도 없습니다. 세입자가 없다는 것은 공실이 된다는 것입니다. 오피스텔이 비워지게 된다는 것이죠. 그러면 월세도 받을 수 없고, 오히려 관리비만 지출됩니다. 결코 불로소득이 아닙니다.

반면 주식은 감가상각이 없습니다. 매년 주던 배당금을 주지 않는 경우도 거의 없습니다. 배당금을 주지 못하는 경우는 기업에 문제가 생겼다는 신호입니다. 기업 내의 문제일 수도 있고, 외적인 문제일 수도 있습니다. 그런 일이 벌어지기 전에 알 수 있도록 투자한 기업에 대한 감시를 계속해야 겠지요. 투자 역시 불로소득이 아닙니다.

오피스텔을 사서 월세를 받는 것과 주식을 매수해서 배당금을 받는 것 중에 어떤 것이 안전하냐고 묻는다면 둘 다 아닙니다. 투자는 안전한 것이 없으며, 계속 신경 쓰고 감시해야 합니다. 둘 중 하나를 고르라면 일단 자기 자신을 알아야 한다고 말하고 싶습니다. 어떤 사람은 부동산 투자가 맞을 수도 있고, 어떤 사람은 주식 투자가 맞을 수도 있습니다. 자기 자신이 어떤 투자에 더 적합한지 아는 것이야말로 투자를 잘할 수 있는 밑거름이 됩니다. 그런 면에서 필자는 부동산보다는 주식 투자를 선택하겠습니다.

PART

07

주식, 돈이 일하게 만드는 투자

주식 투자는 너무 어려워요

주식 투자는 너무 어려워요. 쉽게 하는 방법이 없나요?

주식 투자는 참 어렵습니다. 이 문장을 보고 동의하지 않는 분이 있을 수도 있겠지만, 모든 투자는 참 어렵습니다. 부동산 투자, 채권 투자, 금 투자, 크립토 투자 가릴 것 없이 말입니다. 어려운 투자를 해야 한다니 시작부터 가슴이 턱 막히죠. 하지만 걱정하지 마세요. 모든 투자는 천천히 차근차근하시면 잘할 수 있습니다. 투자에서 가장 중요한 3가지를 알려드릴게요.

1. 투자 습관　2. 투자 경험　3. 투자 판단

첫 번째는 투자 습관입니다. 투자도 습관이 중요합니다. 요즘 바디프로필을 찍어서 가장 멋있고, 아름다운 시기의 내 모습을 간직해두는 것이 유행입니다. 바디프로필을 찍으려면 열심히 몸을 만들어야 합니다.

단기간에 몸을 만들 수도 있겠지만, 거의 모든 사람이 장기간에 걸쳐 몸을 만듭니다. 왜냐하면 그래야 몸에 무리가 가지 않기 때문입니다. 바디프로필을 찍으려다가 몸이 망가지면 그게 다 무슨 소용이겠습니까? 그래서 장기간 천천히 몸을 만들고 바디프로필을 찍는 것이죠. 투자도 마찬가지입니다. "누군가 한 달 만에 몇 억 원을 벌었다던데", "한 종목에 집중 투자해서 자산을 2배로 늘린 사람이 있다던데" 이런 소식은 누구나 그렇게 할 수 있을 것처럼 들려옵니다. 하지만 그렇지 않습니다. 하루 만에 식스팩을 만들 수 없습니다. 투자도 습관이 없이는 저런 큰 수익을 올리지 못합니다. 초심자의 행운이라는 것도 있지만, 결국 그 행운은 좋지 않은 결과로 마무리되는 경우가 많습니다.

두 번째는 투자 경험입니다. 습관이 쌓이면 경험이 됩니다. 그 경험은 기회를 잡을 수 있도록 실력을 만들어 줍니다. 그 실력으로 세 번째는 투자를 판단하게 됩니다. 이 3가지가 적절히 갖추어져야 투자에서 큰 수익을 얻을 수 있습니다. 모두 단시간에 만들 수 있는 것이 아닙니다. 그래서 투자가 어렵고, 기회가 있는 것입니다. 모든 사람이 할 수 있는 것이라면 기회도 없습니다.

이 책을 읽고 있는 독자라면 이미 그 노력을 하고 있을 것입니다. 조급하게 생각하지 말고 천천히 앞의 3가지를 만들어 가시기 바랍니다. 분명히 좋은 결과가 있을 것입니다.

원금 보장되는 주식 있나요?

Q 투자를 시작하기 꺼려지는 이유가 원금 보장이 안 되는 것입니다. 혹시 원금이 보장되는 주식 있나요?

아쉽게도 원금이 보장되는 주식은 없습니다. 주식 투자에도 원금 보장되는 상품이 있다면 좋을 텐데 말이죠. 그러면 이런 상품이 있다고 한번 생각해볼까요?

돈을 맡기시면 잘 굴려드립니다. 수익이 생기면 전액 드립니다. 하지만 손실이 생기면 원금 보장해드립니다.

어떠세요? 좋은 상품이라는 생각이 드시나요? 만약에 이런 상품이 있다면 절대로 돈을 맡기면 안 됩니다. 왜냐하면 수익이 나는지, 안 나는지 확인할 방법이 없으므로 수익금을 받기 어렵습니다. 수익이 생기지 않으면 원금만 돌려주면 됩니다. 따라서 내 돈을 가지고 은행 같은 매우 안정적인 곳에 맡겨 두었다가 이자만 가로채고 돌려줄 것입니다. 결국 내 돈이 일해서 번 돈은 돈을 맡아서 관리한 곳에서 다 가져가는 것입니다.

앞의 이야기에서 필자가 하고 싶은 말은 원금 보장은 돈이 일하게 만드는 것을 방해한다는 것입니다. 원금을 지키기 위해서는 은행에 넣어두면 됩니다. 예금자보호법이 가능한 은행에 5,000만 원씩 나누어 넣어두면 됩니다. 그러면 은행이 망하더라도 원금은 챙길 수 있습니다. 하지만 그 돈을 가지고 은행은 수익을 올립니다. 그 수익을 우리에게 나누어 주지 않습니다. 왜냐하면 원금 보장을 해주어야 하니까요. 물론 은행도 큰 리스크가 있는 투자처에 투자하지 않습니다. 우리에게 주는 이자에서 조금 더 받는 곳에 분산 투자합니다. 하지만 은행은 그렇게 모인 돈이 매우 큽니다. 조금의 이자만 더 받아도 큰 수익이 됩니다.

원금 보장은 안전하다는 마인드를 바꿔야 합니다. 지금은 투자의 시대입니다. 은행 금리로는 돈을 불릴 수 없습니다. 원금 보장되는 곳에 맡겨두는 그 이상도, 이하도 아닙니다.

원금 보장되는 주식이 있다면 절대로 매수해서는 안 됩니다. 내 돈을 가지고 그들만 배부르게 이자를 받겠다는 뜻입니다. 기대수익이 클수록 리스크는 큽니다. 반대라면 리스크는 작습니다. 기대수익을 크게 가져갈지, 반대일지는 자신의 투자 습관, 경험, 판단, 즉 실력에 따라가야 합니다. 목표가 크다고 모두 이뤄지는 것은 아닙니다. 오히려 독이 될 때가 많습니다. 그것을 이루기 위해서 무리하기 때문입니다.

원금 보장을 강조하는 분들은 보통 1980년대에 소득 활동을 하시던 분들입니다. 왜냐하면 그때는 은행 금리가 10% 이상이었기 때문입니다.

자료 7-1. 미국 10년물 국채 금리

출처 : 인베스팅닷컴

자료 7-1을 보면, 1980년대 미국 국채 금리가 이미 15%를 넘었던 것을 볼 수 있습니다. 미국 국채가 저 정도면 한국 금리는 더 높았겠지요.

은행에 10억 원만 넣어두어도 1년 이자가 1억 원이 넘었던 시절입니다. 하지만 지금은 10억 원을 넣어도 1년 이자는 1,000만 원이 되지 않습니다. 원금 보장의 의미는 이제 돈을 지킨다기보다는 돈의 가치가 떨어지는 것을 그저 방치한다는 것입니다. 따라서 이제는 원금 보장보다는 실력을 키워 투자 수익을 올려 자산을 불리는 생각을 해야 합니다.

리딩방이 도움이 될까요?

> **Q** 혼자 투자하는 것보다 비용을 지불하더라도 도움을 받는 게 나을 것 같아서, 수익률을 보장해주는 카톡방에 회원가입을 했습니다. 가입은 했는데, 괜찮은 것일까요?

결론부터 말씀드릴게요. 지금 당장 지불한 돈을 환불 요구하시고 회원 탈퇴 요청하시기 바랍니다. 투자의 도움을 받는 것은 투자 방법에 대한 도움이어야 합니다. 왜냐하면 방법을 알아야 지속적인 투자 행위가 가능하기 때문입니다. 단순히 종목을 골라주고, 언제 사고 언제 파는지 알려주는 것은 수익에는 도움이 될지언정 투자 생활에는 도움이 되지 않습니다. 그리고 수익에도 큰 도움이 되지 않을 가능성이 매우 큽니다.

잘 생각해보세요. 급등할 종목을 알려주고, 그 종목의 가격이 언제 내려갈지 알려주는 리딩방이 있다면, 방장은 이미 엄청난 돈을 벌어야 했습니다. 리딩방으로 돈을 벌고 있지는 않겠죠. 이런 기초적인 생각도 하지 못하고 리딩방에 돈을 내고 회원가입하는 이유는 손실복구 때문이라고 생각합니다. 이미 혼자 투자해서 투자한 종목의 손실이 어마어마한 경우, 손실을 복구하기 위해 다른 사람의 도움을 간절히 찾습니다. 그때 리딩방의 유혹은 매우 혹하게 만듭니다. '이번 손실만 복구하면 다시 혼자 투자 시작해야겠다!'라는 마음으로 잠시 들르게 되는 것이죠. 하지만 손실에 더해서 리딩방 회원 가입 비용까지 더 큰 손실을 보게 됩니다. 그리고 그나마 남아 있던 자신의 종잣돈마저 날려버릴 가능성이 큽니다.

투자는 홀로 서야 합니다. 투자는 매우 개인적인 행위입니다. 그 누구도 도와줄 수 없습니다. 이래서 투자가 어려운 것이고, 힘든 것입니다. 그러므로 누구에게나 기회가 열려 있는 것이고요. 학벌, 자산의 크기, 성별, 나이 모두 상관없습니다. 결과만이 실력을 증명할 것입니다.

손실을 복구하고 싶은 마음은 이해가 됩니다. 이번만 도움을 받고 그 다음부터는 홀로 서고 싶은 마음이 있는 것도 압니다. 하지만 이런 '한 번만!' 하는 생각들이 모여서 손실이 됩니다. 계속되는 손실은 결국 투자를 포기하게 만듭니다.

절대로 리딩방에 들어가지 마세요. 더 큰 손실을 겪을 수 있고, 투자 생활에 큰 타격을 입게 됩니다.

PART

08

부동산, 내 집 마련의 시작

월급만으로 내 집을 마련할 수 있나요?

30세이고, 지금 받는 월급이 300만 원입니다. 40대 후반에는 내 집 마련할 수 있을까요?

자! 일단 계산기를 두드려 봅시다. 40대 후반이면 20년 후라고 생각해보겠습니다.

300만 원 소득 중 평균 150만 원을 저축할 수 있다고 가정해보겠습니다.

1,500,000원 × 12개월 × 20년 = 360,000,000원

이렇게 계산을 하면 3억 6,000만 원이 모입니다. 물론 300만 원 소득 중 50%를 저축한다는 것 자체가 쉬운 일은 아닙니다. 하지만 꼭 기억하세요. 내 집 마련은 어려운 일입니다. 그래서 모든 사람이 집을 소유하고 있지 않습니다.

그리고 앞과 같이 저축만 하기보다는 투자도 병행해서 연 수익률 5%를 얻을 수 있다면 더 좋습니다.

자료 8-1. 이자 계산기

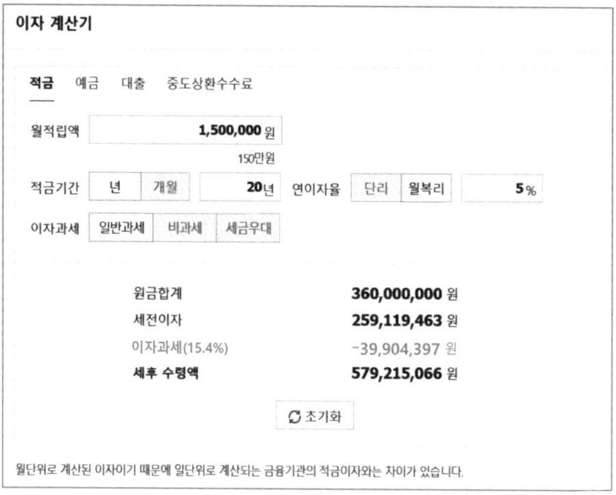

이자 계산기

적금 예금 대출 중도상환수수료

월적립액 1,500,000 원
150만원

적금기간 년 개월 20년 연이자율 단리 월복리 5%

이자과세 일반과세 비과세 세금우대

원금합계	360,000,000 원
세전이자	259,119,463 원
이자과세(15.4%)	-39,904,397 원
세후 수령액	**579,215,066 원**

초기화

월단위로 계산된 이자이기 때문에 일단위로 계산되는 금융기관의 적금이자와는 차이가 있습니다.

출처 : 네이버

연 수익률 5%를 기록하기도 쉬운 일은 아닙니다. 그래도 저축만으로는 3억 6,000만 원이었던 돈이 5억 7,000만 원이 모이는 것으로 예상되고 있습니다.

그렇다면 5억 7,000만 원으로 내 집 마련을 할 수 있나요? 20년 후의 집값을 예상한다면, 냉정하게 말해서 서울에 있는 집은 쉽지 않을 것 같습니다. 하지만 우리에게는 대출(레버리지)이라는 좋은 제도가 있습니다. 투자를 시작한다면 깨야 할 고정관념이 2가지 있는데, 첫 번째가 원금보장은 좋은 것, 두 번째가 대출은 나쁜 것입니다. 자신의 형편에 맞지 않게 대출을 받는 것, 그리고 시중금리보다 높은 이자에 돈을 빌리는 것이 나쁜 것입니다. 상환할 능력이 있다면 대출을 최대한 활용하는 것이 투자 수익률을 극대화하는 방법입니다. 대출을 어떻게 받아야 하는지는 다른 질문에서 답한 것이 있으니 그것을 참고하시기 바랍니다.

5억 7,000만 원의 돈에 대출을 더한다면, 내 집 마련이 꿈만은 아닌 현실이 될 것입니다. 그리고 20년 동안 연봉도 상승하고 조금 더 투자할 여력이 생긴다면, 더욱 그렇게 되겠지요.

20년이란 시간은 결코 짧은 시간이 아닙니다. 그 시간을 활용해 투자한다면 월급만으로도 내 집 마련이 가능해집니다. 하지만 많은 사람이 그렇게 하지 못하는 이유는 20년 동안 꾸준히 투자하지 못하고, 소비를 줄이지 못하며, 투자 습관, 경험, 실력도 갖추지 못하기 때문입니다.

월급만으로도 내 집 마련은 분명히 가능합니다!

전세? 월세? 어떤 것으로 시작해야 하나요?

Q 전셋집을 구하고 있습니다. 그런데 친구들이 그 돈으로 주식을 사서 불리고, 월세로 사는 게 훨씬 낫다고 합니다. 전세를 살면 바보인가요?

보통 전세 보증금보다 월세 보증금이 훨씬 적습니다. 그래서 전세 보증금을 내고 들어갈 바에야 월세 보증금의 차액만큼 주식을 사서 수익을 얻어야 한다는 말입니다.

하나는 맞지만, 하나는 틀린 답입니다. 이런 선택을 할 때 가장 중요한 것은 내가 어떤 사람인지 아는 것입니다. 어느 정도 투자의 습관이 형성되어 있고, 경험도 있어서 전세 보증금만큼 투자해서 월세를 낼 수 있다면 가능한 이야기입니다. 하지만 그렇지 못한 경우에는 월세는커녕 전세 보증금마저 손실을 얻게 됩니다.

보통 사람들은 투자를 시작할 때 수익만을 생각합니다. 얼마의 수익을 올려서 어느 곳에 지출할지 말이죠. 하지만 투자는 내 마음대로 되지 않습니다. 투자가 그렇게 쉽다면 누구나 투자하고 수익을 얻겠죠.

그렇다고 "투자하지 마세요"라고 이야기하는 것은 아닙니다. 투자하기 전에 투자 습관과 경험이 충분히 있어야 한다는 것입니다.

내가 투자할 수 있는 사람이 아닌데, 전세 보증금 전액을 덜컥 투자한다고 매월 지불해야 할 월세만큼 수익을 얻을 수 있는 것이 아닙니다. 물론 월세만큼의 수익을 올릴 수 있는 주식과 비교해서 안정적인 투자처를 찾을 수도 있습니다. 하지만 그마저도 투자 경험이 없이는 찾을 수 없습니다. 가장 지양해야 하는 것은 큰돈을 남의 말을 듣고 투자하는 것입니다.

자, 그렇다면 전세, 월세 어떤 것으로 시작해야 할까요?

1. 투자 습관이 형성되어 있고, 경험이 풍부한 사람 → 월세
2. 투자의 경험이 없는 사람 → 전세

투자 습관이 형성되어 있고, 경험이 풍부한 사람의 기준은 적어도 5년간 연평균 수익률 5% 이상을 기록한 사람입니다. 5년 정도면 거시경제의 한 사이클을 경험해봤다고 볼 수 있고, 연평균 수익률 5% 이상을 기록했다면 어느 정도 꾸준한 수익률을 올린 것이므로 투자 습관과 경험이 잘 형성되어 있을 것이기 때문입니다.

전세를 살지, 월세를 살지는 내가 결정해야 하고, 결국 자금을 만들고 지불해야 하는 것도 내가 합니다. 그런데 이런 결정을 주위 사람들에게 맡긴다는 것은 첫 단추부터 잘못 끼우는 것입니다. 투자하면서 가장 경계해야 하는 것이 남의 말을 듣고 투자하는 것입니다. 투자의 주체는 오롯이 내가 되어야 하고, 그 수익을 가져가는 것도 나입니다.

전세, 월세 어떤 것을 선택하느냐가 나의 돈을 불려주는 것이 아닙니

다. 내가 투자의 준비가 되어 있는가, 없는가가 나의 돈을 불려줄지, 그저 모아두기만 할 것인지 결정하는 것입니다.

대출은 안 받는 게 좋겠죠?

생애 처음으로 집을 장만하려 합니다. 되도록 대출 없이 하고 싶습니다. 어떻게 돈을 모아야 할까요?

집을 장만하려는 마음을 가진 것 자체가 매우 훌륭한 자세입니다. 칭찬을 드리고 싶습니다. 그러면 대출 없이 집을 사는 것이 무조건 좋은 것일까요? 그것에 대해서는 생각을 해보셔야 할 것 같습니다. 예를 들어 볼게요.

1. 5억 원짜리 집을 대출 없이 사기 위해 한 달에 200만 원씩 저축.
2. 20년 동안 차곡차곡 모아서 집을 사려고 보니, 같은 집 가격이 5억 원이 오름.
3. 20년 더 모아서 집을 사려고 보니, 같은 집 가격이 다시 5억 원이 오름.
4. 5억 원짜리 집이 40년 후 15억 원이 되었음.
5. 20년 전 모은 5억 원과 대출 5억 원을 받아 집을 샀다면 어땠을까?

이것은 매우 극단적인 예임을 압니다. 그리고 집값이 40년 동안 계속 오를 것이라는 가정하에 생각해본 예입니다. 앞의 예시처럼 물가상승이 일어난다면 5억 원의 대출을 받는 것이 무조건 잘못된 선택은 아니겠지요. 물론 대출을 일으켜서 집을 장만했는데, 집값이 내릴 수도 있겠죠. 하지만 무슨 상관이 있습니까? 그 집에서 내가 살고 있어서 어차피 현금화하지 않을 것인데요.

주위에서 "우리 집값이 몇 억 원이 올랐네. 돈 벌었네"라는 말을 들으셨을 것입니다. 냉정히 말하면 그분들은 돈을 번 것이 아닙니다. 자산의 가치가 올라간 것이지요. 그 집을 팔고 옆집으로 이사 간다고 하면 똑같은 돈을 주고 사야 합니다. 서울에 있는 집을 팔고 수도권이나 지방으로 이동하지 않는다면, 결국 그 집을 팔아도 더 좋은 집으로는 이동하지 못합니다.

자료 8-2. 생활요금 변천사

생활요금	내역	2000년	2005년	2010년	2015년	2020년	2022년
식비	자장면	2,742	3,277	3,905	4,500	5,115	5,769
	삼겹살	3,800	8,500	9,000	9,000	1만1,000	1만4,385
	설렁탕	4,217	5,267	5,813	6,925	-	9,000
	소주 360ml	830	950	1,000	1,080	1,280	1,380
	맥주 500ml	1,270	1,290	1,180	1,280	1,410	1,410
교통비	전철(성인)	500	800	900	1,050	1,250	1,250
	시내버스	500	900	1,000	1,150	1,200	1,282
	택시	1,300	1,900	2,400	3,000	3,800	3,800
공공요금	전기요금 (주택용 100kWh 이하 사용)	390	370	380	410	910	-
	상수도(가정용 30㎥ 이하)	270	270	320	360	360	-
	하수도(가정용 30㎥ 이하)	70	160	160	300	400	-

출처 : 이코노미스트, 한국물가정보, 한국소비자원

앞의 자료 8-2를 보면 20년 동안 물가상승 결과, 자장면은 2배, 삼겹살은 3배, 버스요금은 2.5배가 올랐습니다. 그렇다면 2000년에 자장면을 파시던 분들이 2022년에 큰돈을 벌었을까요? 아닙니다. 왜냐하면 자장면값이 오른 이유는 재룟값이 오른 것도 있기 때문입니다. 자장면은 그대로인데, 자장면의 가치가 오른 것입니다. 2022년에 자장면을 먹을 돈으로 2000년의 삼겹살을 먹을 수 있겠지만, 2022년의 삼겹살은 똑같이 못 먹습니다. 자장면값이 2배가 올랐지만, 2000년과 2022년의 자장면의 재료는 크게 다르지 않습니다.

집도 마찬가지입니다. 5억 원짜리 집이 10억 원이 되었다고 해서 집의 재료가 변하는 것은 아닙니다. 내 집이 10억 원이면 옆집도 10억 원입니다. 그런데도 내 집 마련을 해야 하는 이유는 물가상승을 따라가기 위해서입니다. 설령 물가가 떨어진다고 해도 지속해서 떨어지기도 힘들고, 20년 전 가격으로 내리기는 확률적으로 매우 희박합니다. 그렇다면 돈을 가지고 있기보다는 대출을 일으켜서라도 자산으로 보유하고 있는 것이 좋습니다. 집값이 무조건 오른다는 희망적인 이야기 때문에 집을 사라는 것이 아닙니다. 물가상승 확률이 하락 확률보다 높으니 집이라는 자산을 보유하는 것이 보유하지 않았을 때 겪게 될 상실감보다 낫다는 것입니다.

결론입니다. 대출을 일으키는 것은 결국 물가상승이 일어난다면 돈의 가치가 떨어지므로 이득이 됩니다. 하지만 반대라면 손실이겠지요. 하지만 반대의 확률은 매우 적습니다. 따라서 대출을 일으켜서라도 집을 보유하는 것이 그렇지 않은 것보다 낫습니다.

갭 투자하면 돈 벌기 쉽다던데요

Q 제가 아는 분이 아파트 갭 투자를 해서 돈을 많이 벌었다고 합니다. 몇천만 원만 가지고도 집을 살 수 있고, 돈도 벌 수 있다던데 방법을 알려주세요.

갭 투자

시세차익을 목적으로 주택의 매매가격과 전세가격 간의 차액이 적은 집을 전세를 끼고 매입하는 투자 방식이다. 예를 들어 매매가격이 5억 원인 주택의 전세가격 시세가 4억 5,000만 원이라면 전세를 끼고 5,000만 원으로 집을 사는 방식이다.

부동산 호황기에 전세 계약이 종료되면 전세가격을 올리거나 매매가격이 오른 만큼의 차익을 얻을 수 있다. 하지만 반대의 경우에는 깡통 주택으로 전락해 집을 팔아도 세입자의 전세 금액을 돌려주지 못하거나 집 매매를 위한 대출금을 갚지 못할 수 있다.

(출처 : 네이버 사전)

갭 투자도 결국 대출(레버리지)을 이용하는 투자법입니다. 대출이 은행에서 나오는 게 아니고, 세입자에게서 나오는 것의 차이일 뿐입니다. 몇천만 원으로도 집을 살 수 있습니다. 갭 투자를 이용하면 말이죠. 그렇게 돈을 많이 번 사람도 실제로 있습니다. 그 사례를 가지고 강의하는 분들도 많고요.

투자를 시작할 때 항상 고려해야 하는 것은 수익과 손실입니다. 수익이 날 확률이 100%인 투자는 이 세상에 없습니다. 하지만 손실이 날 확률이 100%인 투자는 있습니다. 내가 모르고 투자했을 때입니다. 갭 투자라는 방법이 매우 쉽게 레버리지를 일으켜 수익을 얻을 수 있다고 생각하면 안 됩니다. 갭 투자의 성공은 저금리와 부동산 호황이라는 2가지 조건이 충족되고, 내가 고른 집이 이 2가지 조건에 적용되는 물건이어야 합니다.

코로나 시대를 지나가고 있는 이 시대는 고금리와 부동산 침체입니다. 지금 이 시기에 갭 투자했던 사람들은 고통스러운 날을 지나고 있습니다. 왜냐하면 전세가격이 하락하고 있고, 금리도 계속 오르고 있기 때문입니다. 금리가 오르기 때문에 이자 부담으로 큰 대출을 받지 못하는 것이고, 그렇게 되면 부동산 거래 자체가 일어나지 않습니다. 사람들이 돈을 빌려서 집을 사거나, 더 넓은 집으로 옮기는 상황을 만들지 않기 때문입니다. 거래량이 줄면 가격은 내려가게 되어 있습니다. 인기가 있는 상품의 가격은 오르고, 반대는 내려간다고 생각하시면 간단합니다. 전세가격도 마찬가지입니다. 거래가 일어나지 않으면 세입자는 보증금을 더 내려서 계약하기를 원합니다. 갭 투자한 사람은 세입자에게 받은 보증금을 일부 돌려주어야 합니다. 지금이 고금리 시대라고 했죠? 그래서 세입자에게 돌려줄 돈을 높은 금리로 빌립니다. 그 돈이 점

깡통 전세

집주인의 주택 담보 대출 금액과 전세금 합계가 집값에 육박한 상황에 시장이 침체되면서 집값이 내리면 세입자가 전세금을 떼일 우려가 있는 주택을 가리키는 말이다. 통상적으로 주택 담보 대출 금액과 전세금을 합한 금액이 집값의 70퍼센트를 넘어서면 깡통 전세로 본다.

(출처 : 네이버 사전)

점 늘어나게 되면 이른바 깡통 전세가 되는 것입니다.

물론 깡통 전세의 원래 뜻은 대출금과 전세금의 차이가 얼마 나지 않을 때 쓰는 말입니다. 하지만 갭 투자를 했다면 대출금을 세입자의 보증금에서 충당한 것이므로, 그것을 상환해야 한다면 또 다른 부채를 일으켜 채워야 하니 결국 깡통 전세라고 할 수 있습니다.

결론입니다. 갭 투자는 매우 좋은 투자법입니다. 투자법 자체로는 아무 문제가 없습니다. 문제는 어떤 투자법인지 모르고 투자할 때 일어납니다. 적은 돈으로 집을 살 수 있고, 돈을 벌 수 있다고 생각한다면 손실을 입을 확률이 매우 큽니다. 설령 운 좋게 이번에는 돈을 벌었더라도 그다음 투자에서 더 큰 손실을 입을 확률이 큽니다. 악담을 하려는 것이 아닙니다. 알고 하는 투자가 매우 중요하다고 말하고 싶은 것입니다. 갭 투자, 꼭 알고 합시다. 투자는 습관과 경험이 중요합니다.

1주택 보유가 첫 번째 부동산 투자입니다

Q 인구절벽의 시기입니다. 몇 년 후면 집이 남아 돌 텐데, 굳이 지금 집을 사야 하는지 의문이 듭니다. 이렇게 생각만 하고 있다가 집 살 기회를 또 놓치는 것이 아닌지 불안하기도 합니다. 어떻게 해야 할까요?

코로나 시대를 살고 있는 지금, 많은 분들이 똑같은 생각을 하고 있을 것입니다. 지난날을 돌이켜 보면 투자의 적기는 늘 많은 사람이 똑같은 생각을 하고 있을 때였습니다. 인구절벽의 시기가 맞습니다. 이대로 인구가 계속 줄어든다면 집값이 문제가 아니고, 우리나라의 문제가 됩니다.

자료 8-3에서 보듯 총인구수는 계속 감소하고 있습니다. 하지만 서울특별시와 경기도의 인구수는 변하지 않았습니다. 서울특별시의 인구수는 줄었으나 경기도의 인구수가 늘었습니다. 숫자만으로는 판단할 수 없지만, 필자가 생각할 때는 서울의 인구가 집값이 상대적으로 저렴

자료 8-3. 시도별 인구수(2014~2022)

행정구역(시군구)별	2014		2015		2016		2017		2018		2019		2020		2021		2022	
	총인구수 (명)	비율	총인구수 (명)	비율	총인구수 (명)	비율	총인구수 (명)	비율	총인구수 (명)	비율	총인구수 (명)	비율	총인구수 (명)	비율	총인구수 (명)	비율	총인구수 (명)	비율
전국	51,327,916		51,529,338		51,696,216		51,778,544		51,826,059		51,849,861		51,829,023		51,638,809		51,439,038	
서울특별시	10,103,233	20%	10,022,181	19%	9,930,616	19%	9,857,426	19%	9,765,623	19%	9,729,107	19%	9,668,465	19%	9,509,458	18%	9,428,372	18%
부산광역시	3,519,401	7%	3,513,777	7%	3,498,529	7%	3,470,653	7%	3,441,453	7%	3,413,841	7%	3,391,946	7%	3,350,380	6%	3,317,812	6%
대구광역시	2,493,264	5%	2,487,829	5%	2,484,557	5%	2,475,231	5%	2,461,769	5%	2,438,031	5%	2,418,346	5%	2,385,412	5%	2,363,691	5%
인천광역시	2,902,608	6%	2,925,815	6%	2,943,069	6%	2,948,542	6%	2,954,642	6%	2,957,026	6%	2,942,828	6%	2,948,375	6%	2,967,314	6%
광주광역시	1,475,884	3%	1,472,199	3%	1,469,214	3%	1,463,770	3%	1,459,336	3%	1,456,468	3%	1,450,062	3%	1,441,611	3%	1,431,050	3%
대전광역시	1,531,809	3%	1,518,775	3%	1,514,370	3%	1,502,227	3%	1,489,936	3%	1,474,870	3%	1,463,882	3%	1,452,251	3%	1,446,072	3%
울산광역시	1,166,377	2%	1,173,534	2%	1,172,304	2%	1,165,132	2%	1,155,623	2%	1,148,019	2%	1,136,017	2%	1,121,592	2%	1,110,663	2%
세종특별자치시	156,125	0%	210,884	0%	243,048	0%	280,100	1%	314,126	1%	340,575	1%	355,831	1%	371,895	1%	383,591	1%
경기도	12,357,830	24%	12,522,606	24%	12,716,780	25%	12,873,895	25%	13,077,153	25%	13,239,666	26%	13,427,014	26%	13,565,450	26%	13,589,432	26%
강원도	1,544,442	3%	1,549,507	3%	1,550,806	3%	1,550,142	3%	1,543,052	3%	1,541,502	3%	1,542,840	3%	1,538,492	3%	1,536,498	3%
충청북도	1,578,933	3%	1,583,952	3%	1,591,625	3%	1,594,432	3%	1,599,252	3%	1,600,007	3%	1,600,837	3%	1,597,427	3%	1,595,058	3%
충청남도	2,062,273	4%	2,077,649	4%	2,096,727	4%	2,116,770	4%	2,126,282	4%	2,123,709	4%	2,121,029	4%	2,119,257	4%	2,123,037	4%
전라북도	1,871,560	4%	1,869,711	4%	1,864,791	4%	1,854,607	4%	1,836,832	4%	1,818,917	4%	1,804,104	3%	1,786,855	3%	1,769,607	3%
전라남도	1,905,780	4%	1,908,996	4%	1,903,914	4%	1,896,424	4%	1,882,970	4%	1,868,745	4%	1,851,549	4%	1,832,803	4%	1,817,697	4%
경상북도	2,700,794	5%	2,702,826	5%	2,700,398	5%	2,691,706	5%	2,676,831	5%	2,665,836	5%	2,639,422	5%	2,626,609	5%	2,600,492	5%
경상남도	3,350,257	7%	3,364,702	7%	3,373,871	7%	3,380,404	7%	3,373,988	7%	3,362,553	6%	3,340,216	6%	3,314,183	6%	3,280,493	6%
제주특별자치도	607,346	1%	624,395	1%	641,597	1%	657,083	1%	667,191	1%	670,989	1%	674,635	1%	676,759	1%	678,159	1%

출처 : 통계청 KOSIS

한 경기도로 이동하거나, 서울특별시와 경기도 외 지역의 인구가 서울특별시보다는 경기도로 이동한 것으로 보입니다. 이것에서 결국 총인구수는 감소하고 있지만 서울특별시와 경기도, 즉 수도권의 인구는 감소하지 않았다는 것을 알 수 있습니다. 그렇다면 인구절벽의 시기임에도 수도권의 인구는 계속 유지된다는 것은 수도권의 거주 비용은 줄어들지 않을 가능성이 크다는 결론입니다.

1가구 1주택은 필수입니다. 내 집을 마련하지 않고 평생 살아갈 수도 있습니다. 하지만 내 집이 있다는 것은 매우 큰 장점이 있습니다.

1. 주거의 안정성 확보(2년마다 전세 및 월세 계약갱신 없어짐)
2. 노후자금으로 활용 가능(주택연금)
3. 물가상승으로 인한 자산 가치 상승(인플레이션 방어)

이 3가지만으로도 집을 보유할 이유는 충분하다고 생각합니다. 자녀가 있는 부모라면 1주택을 보유하는 것이 매우 큰 힘이 되겠죠. 집을 사고 집값이 내리는 것을 걱정하는 분들에게 하고 싶은 말이 있습니다. 내가 실거주하고 있는 집이라면 집값이 오르든, 떨어지든 큰 의미가 없습니다. 왜냐하면 내 집 가격만 오르고, 내리는 것도 아니기 때문입니다. 서울에 있는 집을 팔고 상대적으로 저렴한 지역으로 이동하는 것이 아니라면, 시세차익을 현금화할 수 없습니다. 따라서 집을 보유하는 것은 돈을 벌고자 하는 목적도 있지만, 1가구 1주택을 보유하는 것은 그것과는 별개입니다. 시세차익을 많이 남길 수 있는 부동산 투자를 공부하기 이전에 내 집 마련부터 해야 하는 이유입니다. 첫 번째 부동산 투자는 1가구 1주택 마련하기입니다.

투자와 거주를 분리해야 하나요?

Q 내 집 마련이 꿈인 직장인입니다. 지금 모은 돈으로는 직장과 가까운 아파트는 살 수 없습니다. 아무리 계산을 해봐도 20년 이상 절약하면서 모아야 가능한 일입니다. 20년 후에 직장 가까운 아파트를 살까요? 직장과는 멀더라도 지금 살 수 있는 아파트를 살까요? 고민이 됩니다.

집은 분명 거주의 목적이 있습니다. 그것이 가장 큰 목적이고요. 그리고 투자의 목적도 있을 수 있습니다. 예를 들어 보겠습니다.

1. 직장과 가까운 아파트를 매수하기 위해 20년 더 절약하며 모은다. (거주 목적)
2. 직장과 멀지만 지금 매수할 수 있는 아파트를 선택하고, 임대해준다. 받은 임대 보증금으로 직장과 가까운 곳에 집을 임대한다. (투자 목적)

지금 살 수 있는 아파트는 직장과는 먼 곳의 아파트입니다. 그렇다면

20년을 더 모아 직장과 가까운 아파트를 살 수도 있습니다. 하지만 20년 동안 집값은 더 올라 있을 것입니다. 왜냐하면 물가는 상승할 수밖에 없기 때문입니다. 자장면값이 500원이 되는 날은 이제 오지 않습니다. 내가 살 집에 반드시 내가 들어가서 살아야 하는 것은 아닙니다. 투자와 거주를 분리해야 하는 방법을 선택할 수도 있습니다. 필자는 1번보다는 2번의 선택을 하는 것을 추천합니다. 물론 1번은 실패, 2번은 무조건 성공이라는 말이 아닙니다. 좋은 자산을 미리 사놓아야 인플레이션을 방어할 수 있기 때문입니다. 2번을 선택하더라도 직장과 먼 곳의 아파트가 좋은 물건이어야 합니다. 아무 아파트나 사놓는다고 투자에 성공한다면 누구나 투자를 잘할 수 있겠죠. 그러니 직장과 먼 아파트를 매수할 때는 신중하게 접근해야 하고, 투자의 설계 또한 꼼꼼해야 합니다.

2번을 선택할 때 고려해야 할 사항을 말씀드릴게요.

1. 반드시 직접 가보고 주변의 시세도 꼼꼼히 체크한다.
2. 현재 내가 살 수 있는 물건보다 20% 이상 저렴한 물건을 선택한다.
3. 내가 산 아파트는 전세를 주고, 직장과 가까운 집을 임대할 때는 월세를 얻는다.
4. 거주의 업그레이드를 위해 아파트를 사는 것이 아니고, 인플레이션 방어를 위해 자산을 구입하는 것이다.

첫 번째, 반드시 직접 가보고 주변의 시세도 꼼꼼히 체크해야 하는 이유입니다. 직장과 먼 아파트를 구매할 때 생각보다 많은 사람이 귀찮다는 이유로 직접 가보지도 않고 매수합니다. '설마 그런 사람이 있겠어?'라고 생각할지도 모르지만, 실제로 그런 경우가 허다합니다. 한번 방문했던 부동산 중개사무소에서 급매가 나왔다고 연락이 오는 것입니다. 오늘 아니면 팔릴 것 같다고 합니다. 일단 계약금을 걸어놓고 보러 오랍니다. 네, 투자를 처음 하시는 분들은 다시 오지 않을 기회라는 생각에 계약금을 보냅니다. 실수할 확률이 매우 큽니다. 투자는 조급하면 손실을 보게 되어 있습니다.

두 번째, 현재 내가 살 수 있는 물건보다 20% 이상 저렴한 물건을 선택해야 하는 이유입니다. 바로 처음 투자의 리스크를 줄이기 위해서이고, 어느 정도 현금 유동성 확보를 위한 것입니다. 내가 가진 모든 현금과 대출을 다 끌어모아서 아파트를 구입했는데, 실수가 있었다면 엄청나게 큰 손실입니다. 투자는 손실을 줄여야 합니다.

세 번째, 내가 산 아파트는 전세를 주고, 직장과 가까운 집을 임대할 때는 월세를 얻는 이유입니다. 내가 산 아파트를 전세를 주는 까닭은 월세보다는 전세가 낫기 때문입니다. 왜냐하면 월세는 매월 돈을 받아야 하는데, 그렇지 못할 경우도 생기기 때문입니다. 전세를 주고 계약기간은 마음 편히 있는 것이 낫습니다. 또한, 내가 거주할 직장과 가까운 집은 월세를 얻는 것이 좋습니다. 월세는 보증금이 전세보다는 낫습니다. 직장과 먼 곳에 산 아파트 전세보증금을 가지고 투자를 시작해야 하기 때문입니다.

네 번째, 거주의 업그레이드를 위해 아파트를 사는 것이 아니고, 인플레이션 방어를 위해 자산을 구입하는 이유입니다. 이 부분은 마인드 세팅을 말하는 것입니다. 직장과 먼 곳의 아파트를 구입한 것은 투자의 목적이지, 거주의 업그레이드가 아닙니다. 따라서 직장과 가까운 집을 구할 때는 역시나 절약할 수 있는 곳을 구해야 합니다. '내가 집도 샀는데 이런 곳에서 살아야 하나?'라는 생각이 들 수 있습니다. 하지만 집을 산 것이 돈을 버는 것은 아닙니다. 집을 산 것은 인플레이션을 방어하기 위해 자산을 미리 사놓은 것뿐입니다. 인플레이션이 일어나지 않으면 다행인 것이고, 일어난다면 미리 사놓은 자산으로 방어할 수 있습니다. 마인드 세팅이 무엇보다 중요합니다.

투자와 거주는 분리할 때 큰 시너지가 발생합니다. 물론 투자의 습관과 경험이 더해진다면 더욱 커지겠지요. 이제는 생각의 전환이 필요합니다.

집이 없는데도 불구하고, 집값이 계속 오를까 봐 걱정이에요

집이 없는데도 불구하고 집값이 계속 오르는 것을 보면, 나만 뒤처지고 있는 것 같고 걱정이 이만저만이 아닙니다. 어떡해야 할까요?

포모증후군(FOMO Syndrome)
흐름을 놓치거나 소외되는 것에 대한 불안 증상을 나타내는 말이다. 자신만 흐름을 놓치고 있는 것 같은 심각한 두려움, 또는 세상의 흐름에 자신만 제외되고 있다는 공포를 나타내는 일종의 고립공포감을 뜻한다. 포모(FOMO)는 'Fear Of Missing Out'의 약자다.

(출처 : 네이버 사전)

이런 심리를 갖게 된 사람들이 많습니다. 집이 없음에도 불구하고 집값이 오르면 기분이 나쁜 현상입니다. 거기에다 더해서 있는 돈, 없는 돈 다 끌어다가 무조건 집을 사버리는 행동을 하는 것입니다. 일단 집을 사놓아야 뒤처지지 않을 것이라는 생각 때문입니다. 투자하면서 제일 피해야 할 행동이 조급하게 투자하는 것입니다. 조급하게 투자하면 실수하게 됩니다. 그것은 곧 손실로 이어집니다. 자신이 가지고 있는 돈만으로 투자했다면 그나마 다행입니다. 하지만 무리하게 대출 받거나 지인들에게 돈을 빌린 상태에서 손실은 감당하기 힘들어집니다. 그렇게 투자 시장에서 아웃되고, 다시는 투자 시장에 눈길도 주지 못하는 사람이 됩니다. 무서운 시나리오죠.

내가 어디에 투자할 수 있을지 생각하기 이전에 다음의 3가지가 선행되어야 합니다.

1. 절약하기 2. 저축하기 3. 저축을 통해 종잣돈 만들기

이 3가지 습관이 형성되지 않으면 투자한다고 해도 손실을 견디지 못합니다. 손실을 견디지 못한다면 큰 수익 역시 얻지 못합니다. 투자는 기다림이 필요합니다. 조급해하면 투자할 수 없습니다.

집값이 오르면 불안하지요. 맞습니다. 나만 집이 없는 것 같고, 집 살 기회는 영영 오지 않을 것 같습니다. 하지만 그렇지 않습니다. 계속해서 집을 살 기회는 올 것이며, 내가 그때 준비되어 있는가가 제일 중요합니다.

앞의 3가지의 습관을 기르면서 투자처를 공부해보세요. 매우 원론적인 이야기이고, 누구나 할 수 있는 일이라고 생각하지 마세요. 이것을 하지 못하면 결국 투자해도 손실로 이어집니다. 꼭 명심하세요!

집을 사려고 하는데 집값이 계속 내려갈까 봐 걱정이에요

Q 드디어 집을 사려고 마음을 먹었습니다. 그런데 요즘 부동산 시장이 얼어붙어 있다고 하더라고요. 집을 샀는데 집값이 계속 내려가면 어쩌죠? 더 내려가면 사야 할까요?

집을 사려고 마음을 먹은 것 자체가 축하드릴 일입니다. 왜냐하면 집을 보유하는 것은 보유하지 않는 상황보다 유리한 점이 더 많기 때문입니다. 거주의 안정성, 인플레이션 방어, 노후자금으로 활용(주택연금), 부동산 투자 경험 등 여러 가지 측면에서 말입니다. 막상 들어 보면 아무것도 아닌 것 같지만, 집을 사보지 않은 사람은 그것을 알 수 없습니다. 투자는 습관과 경험이 매우 큰 차이를 만듭니다. 그것이 결국 실력이 되기 때문입니다. 따라서 집을 사려고 마음을 먹었다면, 다주택이 아닌 1주택의 시작이라면 집값과 상관없이 사시기를 추천합니다.

부동산 시장이 얼어붙어 있습니다. 필자가 책을 쓰고 있는 지금은 2023년입니다. 코로나 시대를 지나고 있습니다. 미국에서 금리를 계속 올리고 있고, 한국도 마찬가지입니다. 금리가 오른다는 것은 대출금리도 오른다는 것입니다. 그러면 대출을 일으켜 집을 사기가 어려워집니다. 그러면 부동산 거래가 줄어들고, 가격이 내려가기 시작합니다. 모두 사고 싶은 물건은 가격이 오릅니다. 반대는 내려가겠죠. 누구도 집을 사려고 하지 않으면 집값은 내려가게 되어 있습니다. 하지만 한없이 내려가기만 할까요? 그렇지 않습니다. 금리는 내려가게 되어 있고, 부동산 시장은 다시 정상화될 수밖에 없습니다. 안타까운 것은 언제 내려가고, 언제 올라가는지 그 시기를 아는 사람은 한 명도 없다는 것입니다. 그것을 안다면 모두 부자가 되었겠죠. 가격이 오르고 내리는 마켓타이밍을 그 누구도 알 수 없습니다. 그렇다면 계속 보유하고 있는 것이 방법이겠죠. 맞습니다. 어차피 실거주할 집이라면 더욱 그렇습니다.

집값이 내려가면 옆집 값도 내려갑니다. 반대로 올라가면 옆집 값도 올라갑니다. 1가구 1주택의 투자 수익을 논하는 것이 큰 의미가 없다는 것을 알게 됩니다.

집을 사려는 마음을 먹었다면 실행하세요. 집값에 상관없이 얻게 되는 이득이 많습니다.

청약통장은 무조건 준비해야 하는 거죠?

청약통장을 가지고 있지 않습니다. 그런데 친구는 부모님이 태어날 때부터 청약통장을 만들어 주시고, 그 통장에 계속 돈도 넣고 있더라고요. 청약통장은 무조건 준비해야 하는 것인가요?

자료 8-4. 청약홈 홈페이지

출처 : https://www.applyhome.co.kr

청약에 대한 정보를 얻으려면 청약홈 홈페이지에 방문하면 됩니다.

자료 8-5. 청약홈 메뉴

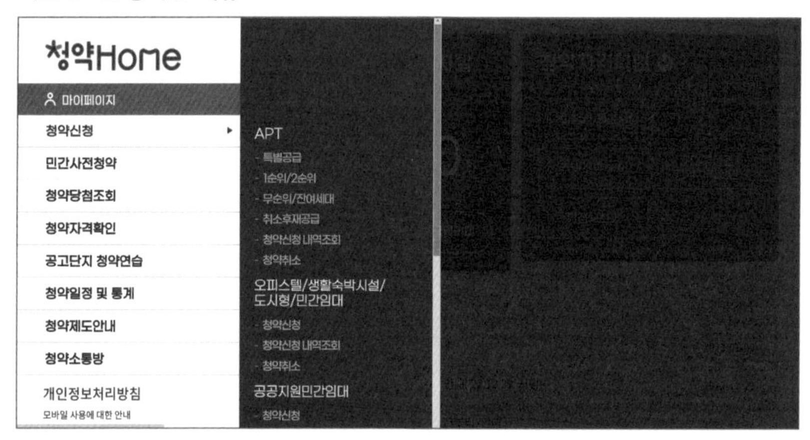

출처 : https://www.applyhome.co.kr

청약신청부터 청약제도안내까지 각종 정보가 있고, 상세하게 설명해 놓았습니다. 그럼 청약제도에 대해서 알아봅시다.

자료 8-6. 청약통장 종류

출처 : https://www.applyhome.co.kr

현재 가입할 수 있는 청약통장은 한 가지입니다. 주택청약종합저축입니다.

자료 8-7. 주택청약종합저축

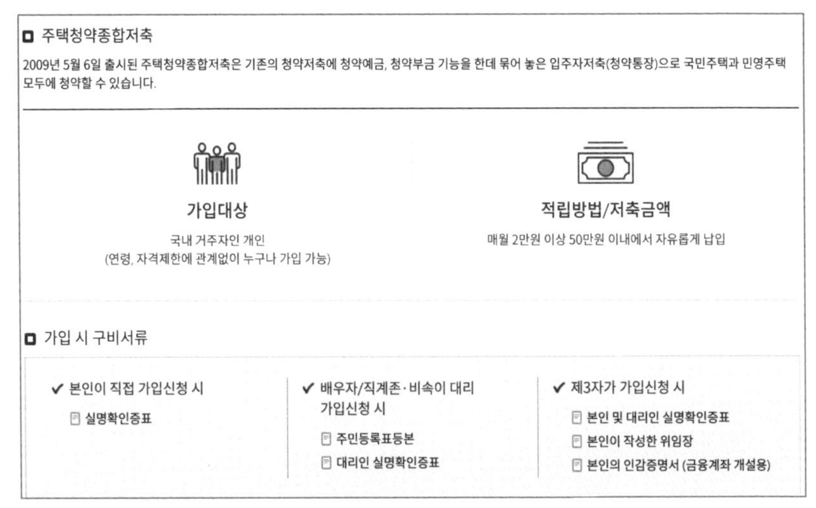

출처 : https://www.applyhome.co.kr

국내 거주자이면 누구나 가입할 수 있습니다. 예전에는 세대주만 가입이 가능했던 적도 있었는데요, 이제는 어린 자녀들도 가입 가능합니다. 적립 방법은 매월 2만 원 이상 50만 원 이내로 자유롭게 하면 됩니다. 따라서 현재 주택청약종합저축 통장이 없다면, 스마트폰 은행앱을 접속해 비대면으로 개설할 수 있으니 지금 바로 만들어 보세요.

자료 8-8. 아파트 민영주택 청약조건

<table>
<tr><th rowspan="2">청약순위</th><th rowspan="2">청약통장
(입주자저축)</th><th colspan="2">순위별 조건</th></tr>
<tr><th>청약통장 가입기간</th><th>납입금</th></tr>
<tr><td rowspan="3">1순위</td><td>주택청약
종합저축</td><td rowspan="3">· 투기과열지구 및 청약과열지역
: 가입 후 2년이 경과한 분
· 위축지역
: 가입 후 1개월이 경과한 분
· 투기과열지구 및 청약과열지역, 위축지역 외
- 수도권 지역 : 가입 후 1년이 경과한 분
(다만, 필요한 경우 시・도지사가 24개월까지 연장 가능)
- 수도권 외 지역 : 가입 후 6개월이 경과한 분
(다만, 필요한 경우 시・도지사가 12개월까지 연장 가능)</td><td rowspan="2">납입인정금액이
지역별 예치금액 ? 이상인 분</td></tr>
<tr><td>청약예금</td></tr>
<tr><td>청약부금
(85m^2 이하만
청약 가능)</td><td>매월 약정납입일에 납입한
납입인정금액이 지역별 예치금액
이상인 분</td></tr>
<tr><td>2순위
(1순위 제한 자[注] 포함)</td><td colspan="3">1순위에 해당하지 않는 분 (청약통장 가입자만 청약가능)</td></tr>
</table>

출처 : https://www.applyhome.co.kr

아파트 청약을 하려면 조건을 잘 살펴봐야 합니다. 가입 후 2년이 경과하면 1순위 자격이 됩니다. 그리고 보유하고 있는 청약통장의 종류에 따라 가입기간과 납입금을 확인해야 합니다. 납입인정금액의 조건은 다음과 같습니다.

자료 8-9. 아파트 민영주택 청약조건 중 지역별 납입인정금액

용어설명 : 지역별 예치금액

민영주택 청약신청 시 지역별, 전용면적별 예치금액입니다.
청약부금 가입자는 85㎡ 이하 민영주택에만 청약신청할 수 있습니다.

지역/전용면적별 예치금액

(단위 : 만원)

구분	서울/부산	기타 광역시	기타 시/군
85㎡ 이하	300	250	200
102㎡ 이하	600	400	300
135㎡ 이하	1,000	700	400
모든 면적	1,500	1,000	500

출처 : https://www.applyhome.co.kr

따라서 가입 후 2년이 경과했고, 예치금액이 1,500만 원이면 모든 지역, 모든 면적에 청약할 수 있는 자격이 부여된다고 보면 됩니다(무주택자나 나이에 대한 자격도 있지만, 현시점에서 당장 준비하기 힘든 조건이므로 제외했습니다).

자료 8-10. 청약통장 가입 기간 조건

Q3. 청약통장
최초 청약통장 가입일을 입력해주세요.

ex) 2009-05-26

상세보기

생년월일을 입력해주세요.
미성년자로서 가입한 기간이 2년을 초과하면 2년만 인정 (주택공급에 관한 규칙 제10조 제6항)

ex) 2009-05-26

최초통장가입일

생년월일

청약통장 가입기간

입주자모집공고일 현재 입주자저축 가입자의 가입기간을 기준으로하며, 입주자저축의 종류, 금액, 가입자 명의변경을 한 경우에도 최초 가입일을 기준으로 가입기간을 산정합니다.
청약통장 가입일은 청약통장 가입은행에서 조회된 자료로 통장가입기간에 따른 가점은 자동계산됩니다.
미성년자로서 가입한 기간이 2년을 초과하면 2년만 인정 (주택공급에 관한 규칙 제10조 제6항)

출처 : https://www.applyhome.co.kr

미성년자로서 가입한 기간은 2년만 인정이 됩니다. 따라서 태어나자마자 청약통장을 만들고 적립해도 그 기간을 인정받지 못합니다. 하지만 그렇게 하는 사람이 많은 이유는 납입인정금액을 채우기 위함입니다. 매월 적립금액이 2만 원~50만 원으로 정해져 있으므로 2년 동안 매월 50만 원을 적립했을 때 1,200만 원이 됩니다. 그래서 어릴 때 청약통장을 만들고 소액이라도 꾸준히 적립하는 것입니다. 20년 동안 적립한다고 하면, 매월 5만 원만 적립해도 1,200만 원의 적립금이 됩니다. 그리고 청약통장의 금리는 시중금리보다 조금 높습니다. 하지만 복리가 아닌 단리입니다. 그리고 출금을 할 수 없고, 예금자보호도 되지 않습니다. 따라서 어릴 때부터 적은 금액을 꾸준히 적립하는 것이 재정적인 부담이 되지 않는 방법일 수 있습니다.

자료 8-11. 주택청약종합저축 상품설명

∨ 상품설명 | 금리보기

개요	주택마련의 시작! **주택청약권이 주어지는 상품**
특징	매월 2만원이상 50만원 이내에서 10원 단위로 자유롭게 납입할 수 있으며, 납부한 총액이 1,500만원 도달 시 까지는 50만원 초과하여 자유적립 가능하며「국민주택, 민영주택」모든 주택 청약이 가능합니다.
예금자보호	이 금융상품은 예금자보호법에 따라 예금보험공사가 보호하지 않습니다. 이 예금은 주택도시기금에 의해 정부가 별도로 관리하고 있습니다.
가입대상	국민인 개인(미성년자, 국내거주 재외동포 포함) 또는 외국인 거주자 ※ 전 금융기관에 걸쳐 주택청약종합저축, 청약예금, 청약부금, 청약저축 중 1인 1계좌만 가입 가능
적립금액	매월 2만원이상 50만원 이내에서 10원 단위로 자유롭게 납입 할 수 있으며, 납부한 총액이 1,500만원 도달 시 까지는 50만원 초과하여 자유적립 가능
가입기간	가입 한 날로부터 국민주택과 민영주택의 입주자로 선정시 까지
적용이율	통장 가입일로부터 해지일까지의 저축기간에 따라 아래 금리가 적용됩니다.
기본금리	·
만기 후 이율	만기가 없는 상품으로 해당사항 없음
중도해지 이율	중도해지 하는 경우, 별도 중도이율을 적용하지 않고 가입기간별 약정이율을 적용
적용이율	**조회기준일 :** 2023. 02. 25 (연이율, 세금 납부 전, %)

출처 : 우리은행

물론 1,500만 원 도달 시까지는 50만 원을 초과해 적립 가능합니다.

결론입니다. 청약통장이 없다면 지금 당장 만들어 보세요. 그리고 자녀가 있다면 자녀의 명의로도 만들고, 매월 적은 금액이라도 꾸준히 적립해 놓으세요.

2, 3년 묵히면 3, 4배 되는 땅이 있다는데 사야겠죠?

Q 아는 지인을 통해 부동산 정보를 알아냈습니다. 2년에서 3년 묵혀두면 무조건 3배 또는 4배가 되는 땅이 있다고 합니다. 사야겠죠?

그런 땅이 있다면 투자해야죠. 그리고 팩트 체크를 해볼 필요가 있습니다. 어떤 정보든지 실제로 있었던 일인지를 확인하는 버릇을 들여야 합니다. 여기저기 정보가 엄청나게 널려 있습니다. 유튜브 또는 네이버 검색창만 켜도 무료 정보들이 넘쳐납니다. 그중에는 신속하고 좋은 정보도 있습니다. 하지만 그 반대로 사실이 아닌 정보를 그럴듯하게 만들어 놓은 것도 있습니다. 이것을 걸러내는 능력을 키워야 합니다. 그러기 위해서는 나만의 팩트 체크 툴이 있어야 합니다. 프로그램이 따로 있는 것은 아니지만, 팩트 체크를 위해 검색해봐야 합니다. 여기저기 검색하면서 검증해야 합니다. 가공된 정보를 한 번에 받아들이지 말고 일단 듣고, 진위를 파악해야 합니다.

앞의 부동산 정보도 마찬가지입니다. 2년에서 3년 묵혀두는 일은 어렵지 않습니다. 왜냐하면 투자금액 대비 3배 또는 4배의 수익을 낼 수 있기 때문이죠. 하지만 그렇지 못하고 손실을 입게 된다면, 과연 긴 시간을 견딜 수 있을까요? 그렇지 않습니다. 긴 시간 동안 기다릴 수 있는 것은 수익에 대한 기대가 있기 때문입니다. 팩트 체크를 해본 뒤에 사야 합니다. 지인의 정보도 정확하지 않을 수 있습니다. 지인의 정보는 이미 팩트 체크되어 있다는 생각도 버려야 합니다. 투자는 오로지 나의 결정으로 이뤄져야 합니다. 왜냐하면 수익도, 손실도 나에게만 적용이 되기 때문입니다. 지인의 정보로 투자했다가 손실을 입어도 지인이 보상해주지 않습니다. 반대로 수익을 냈다고 지인과 나누지 않습니다. 따라서 무엇보다 중요한 일이 팩트 체크입니다.

2년에서 3년 묵혀두면 무조건 3배 또는 4배가 되는 땅이 있다면 저라도 사겠습니다. 하지만 그런 땅이 있을 확률은 매우 적습니다. 2년 또는 3년 이후의 일을 아는 사람은 없습니다. 오직 나만이 판단할 수 있습니다.

서울 신축 아파트 청약 당첨은 무조건 돈 버는 거죠?

Q 서울 신축 아파트 청약에 당첨되었습니다. 이젠 돈 버는 일만 남은 거죠?

먼저 축하드립니다. 이제 신축이 완료되어서 아파트로 들어가시면 주거의 안정성과 신축 아파트의 편리함, 운이 좋으면 투자 수익까지 얻을 수 있을 것입니다. 이 기회를 발판 삼아 계속 투자하시고, 자산을 불리시면 좋을 것 같습니다.

청약을 시도해서 당첨된다면 좋은 점이 상당히 많습니다. 그래서 많은 사람이 청약을 시도하고, 심지어 청약 강의까지 듣는 것이지요. 전문가의 의견이나 정보를 돈을 지불하고라도 듣는 경우가 있습니다. 일단 청약에 당첨되어 아파트를 사게 되면 시세보다 저렴하게 살 수 있습니다. 그것이 투자 수익을 높여주는 것이죠. 그리고 새로 지어진 신축 건물이니 모든 면에서 편리하게 되어 있을 것입니다. 주거의 안정성과 업그레이드가 가능합니다.

하지만 늘 돈을 벌고 좋은 결과만 있을까요? 그렇지는 않습니다. 그래서 공부가 필요하고 팩트 체크가 필요합니다. 청약을 넣으려고 하는데, 나의 자산과 앞으로의 수입을 생각하지 않고 무턱대고 가장 비싸고 큰 평수의 아파트를 선택한다면 큰 위험 요소가 기다리고 있습니다. 물론 큰 평수의 아파트에 당첨이 된다면 수익도 그만큼 커질 수 있습니다. 하지만 대출금의 크기가 크고 매월 감당해야 하는 원리금상환금액이 나의 소득수준을 넘어버린다면, 아파트를 보유하기 전부터 부담이 됩니다. 여차여차해서 아파트를 받아서 입주한다고 해도 계속되는 자금난에 허덕이게 됩니다. 결국 보유하지 못하고 팔게 되고, 때마침 부동산 침체기와 겹친다면 제값을 주고 팔지도 못합니다. 스트레스는 스트레스대로 받고, 수익도 거두지 못하며, 주거의 안정성마저 잃게 됩니다.

따라서 청약을 넣기 전 나의 자산과 앞으로의 수입을 잘 고려해서 적당한 아파트를 골라야 합니다. 그렇게 해서 당첨이 되었다면 매우 행복하게 입주해서 살 수 있습니다. 많은 사람이 아파트를 사기만 하면 돈을 버는 투자처로 인식하고 있습니다. 누군가 5억 원에 산 집이 10억 원이 되면 돈을 번 것으로 생각합니다. 하지만 인플레이션을 방어한 것이지, 돈을 번 것과는 다른 의미입니다. 내 집이 10억 원이 되었으면 옆집도 10억 원이 되었을 것입니다. 이 집을 팔고 수도권을 벗어나 상대적으로 저렴한 곳으로 이사 가지 않는 이상 수익을 현금화하기 어렵습니다.

모든 것을 잘 고려해서 청약을 시도하고 당첨되는 행운이 여러분들에게 있기를 기원합니다.

PART

09

사업, 월급 외 수익 만드는 방법

직장인인데 사업할 수 있나요?

제가 직장에 다니고 있습니다. 겸직은 불법이라던데, 사업을 시작할 수 있을까요?

많은 회사에서 근로계약서 및 취업규칙 등을 통해 겸직 활동을 제한하고 있습니다. 따라서 소속된 회사에 문의해보시는 것이 좋습니다. 그리고 공무원도 겸직 활동을 금하고 있습니다.

그렇다면 직장에 다니는 동안은 다른 일을 할 수 없을까요? 그렇지는 않습니다. 근무시간에 방해될 수 있는 겸직 활동을 제한하는 것이지, 퇴근 후의 활동에는 문제가 없습니다(공무원은 겸직 허용 불가이므로 제외합니다). 물론 겸직 활동 때문에 근무에 영향을 주거나 하는 행위가 발생하면 안 되겠죠. 하지만 그렇지 않다면 퇴근 후에 자유롭게 사업을 시작할 수 있습니다.

예를 들면, 직장인 이모 씨가 퇴근 후에 일상을 브이로그 형식으로 유튜브에 업로드했는데, 구독자 수가 폭발적으로 늘고, 조회 수도 늘어서 수익이 발생해도 전혀 문제되지 않습니다. 하지만 도가 지나쳐 회사의 일상 브이로그를 촬영 후 업로드한다거나, 퇴근 후부터 퇴근 전까지 촬영하느라 다음 날 회사 근무에 영향을 주었다면 문제가 될 수 있습니다.

따라서 중요한 것은 회사 업무에 영향을 끼치지 않는 범위 내에서 겸직 활동을 해야 한다는 것입니다. 요즘은 인터넷을 통해 할 수 있는 사업도 많고, 시간과 공간의 제약을 받지 않고 창업할 수 있으니 직장생활을 하면서도 충분히 자신만의 사업을 시작하고 키워갈 수 있다고 생각합니다.

필자는 적어도 3년에 한 번씩은 창업하고 있습니다. 계속 창업하고 있으니 N잡러가 되어가는 것이지요. 3년 정도 에너지를 쏟으면 그 이후에는 프로세스를 만들면 돌아가기 때문에 그 이후로는 새로운 창업이 가능합니다. 이렇게 해서 100만 원짜리 소득을 만들 수 있는 10가지의 창업을 하는 것이 목표이고, 지금 6개 정도 만들어졌습니다.

1인 1직장으로 평생 먹고사는 시대는 이미 저물었습니다. 직장을 다니면서 자신만의 사업을 시작하고 키워 보세요. 그것이 결국 노후대비, 노후자금이 됩니다. 그리고 자신을 위해서도 꼭 필요한 일입니다.

망하면 어떡해요?
꼭 사업을 시작해야 하나요?

Q 사업을 시작했다가 망하면 어떡해요? 한 번 망하면 다시 일어서기 힘들다던데, 사업을 시작해도 되는 것인가요?

사업을 시작하는 것은 자유입니다. 각자의 생각이 다를 수 있으므로 강요해서는 안 됩니다. 그리고 확률은 떨어지지만, 한평생 한 직장만 다니고 은퇴하는 분도 계십니다. 그렇게 은퇴하시고 쌓아놓은 국민연금과 퇴직연금으로 행복한 노후를 보내는 분도 계시고요. 따라서 반드시 나만의 사업을 시작해야 하는 것은 아닙니다. 하지만 확률이 떨어지는 일에 나의 노후를 걸기에는 리스크가 큽니다. 나만의 사업을 시작해서 확률을 높이는 작업이 필요합니다.

자료 9-1. 평균 실질 은퇴연령

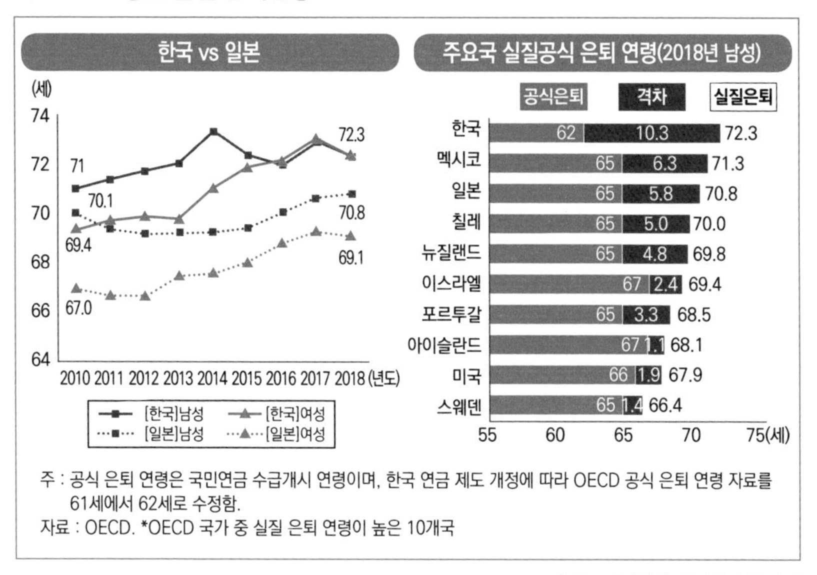

출처 : 미래에셋 투자와 연금센터

자료 9-1을 보면, 한국의 실질 은퇴연령이 제일 높습니다. 이것은 노후대비가 되지 않은 상태에서 노후를 맞이한다고 보면 됩니다. 공식은퇴는 62세이지만, 실질은퇴는 10년을 더 일하고 맞이하게 됩니다.

왜 이런 현상이 나타나게 되는 것일까요? 첫 번째, 자신만의 사업으로 소득을 발생시키지 않기 때문입니다. 두 번째, 노후대비를 하지 않아서입니다. 평생을 직장에서 일하고 은퇴하면 인생에 남는 것이 몇 없습니다. 이때 나만의 사업이 있다면 큰 소득이 발생되지 않아도 행복한 노후를 맞이할 수 있습니다. 왜냐하면 국민연금이나 퇴직연금으로만 버텨야 하는 노후에서 내 사업의 소득이 추가된다는 것은 엄청난 도움이 되기 때문입니다. 은퇴 후에도 일할 곳이 있다는 자신감을 가지고, 사업으로 인한 소득을 생활비에 사용하기도 하며, 국민연금이나 퇴직연금으로 생활비 충당이 가능하다면, 그것을 투자 자금으로 이용할 수도 있습니다.

결국 은퇴 후의 삶을 결정하는 것은 노후대비입니다. 연금으로 충분히 노후자금을 마련하는 것도 중요하지만, 내가 할 수 있는 일을 미리 만들어 놓는 것도 중요합니다. 나만의 사업을 시작하세요. 지금 직장이 있는데, 나만의 사업이 망하면 어떻습니까? 실패해야 성공할 수 있습니다.

왜 N잡러가 되어야 하나요?

Q 저는 지금 회사 하나 다니기에도 벅찹니다. 그런데 N잡러가 되어야 한다니 실행하지도 못하고, 이유도 모르겠어요.

지금 막 사회에 발을 들여놓은 사회초년생들에게 N잡러가 되어야 한다고 말하는 것이 과연 맞는 말일까요? 네, 맞습니다. 현재 회사의 업무를 배우고 익히는 일조차 쉽지 않겠죠. 그럼에도 불구하고 지금부터 시작해야 합니다. N잡러가 되기 위한 준비를 말이죠.

왜 N잡러가 되어야 할까요? 가장 중요한 이유 중 하나는 직장에서 일할 수 있는 시간이 생각보다 짧기 때문입니다. 필자는 40대 중반을 지나고 있습니다. 제 친구들은 이미 퇴직하거나 회사의 압박으로 이직을 한 경우가 많습니다. 왜냐하면 회사 연차가 쌓이고 직급이 올라가면 급여가 오를 수밖에 없습니다. 경험과 실력에 대한 보상입니다. 하지만 경험이 쌓이지는 않았지만, 실력은 비슷한 젊은 인재들이 회사로 들어오기 시작합니다. 회사의 임원은 소수입니다. 따라서 임원으로 승진하지 못하면 더 이상 올라갈 직급은 없고, 급여는 오를 대로 올라 있는 직원을 계속 채용할 수 있을까요? 그렇지 않습니다. 회사의 압박이 들어오기 시작합니다. 어쩔 수 없이 퇴직을 생각하게 됩니다. 어느 조사기관에서 실질적 퇴직 나이를 조사했는데, 55세에 가까워졌다는 소식을 전했습니다. 지금 사회초년생들이 경험이 쌓이고 실력이 높아져 직급이 오르게 되면 55세가 아닌, 50세 정도에 퇴직 압박을 느끼게 될지도 모릅니다. 퇴직하자마자 할 수 있는 일과 직장이 준비되어 있다면 얼마나 좋을까요. 하지만 그렇지 않습니다. 퇴직하는 순간, 회사에서의 모든 직함은 리셋 됩니다. 처음부터 다시 시작해야 한다는 말입니다.

이런 일을 당하지 않으려면 준비해야 합니다. 나만의 사업을 준비하며 실패하고, 다시 준비하고 성공해내는 일이 필요합니다. 회사에 다니면서 N잡러가 되어 있어야 퇴직할 때 즈음이면, 그 어떤 일도 스스로 할 수 있는 사람이 됩니다. 어쩌면 이런 여러 가지의 선택권이 퇴직을 더욱 앞당겨 파이어족이 되도록 만들지도 모릅니다.

50세에 퇴직해서 할 수 있는 일이 있다면, 더 이상 퇴직은 두려운 것이 아닙니다. 오히려 나만의 일에 집중할 수 있도록 주어지는 기회일 수 있습니다.

지금부터 무언가 대단한 사업을 시작하라는 것이 아닙니다. 적어도 스스로 무언가 시작할 수 있는 실력을 조금씩 쌓아두어야 한다는 것입니다. 물론 쉬운 일은 아닙니다. 쉬운 일이라면 누구나 했겠죠. 뭐 하러 그렇게 열심히 사느냐고 조롱하는 친구들이 생길지도 모릅니다. 그런 짓 하지 말고 회사 일에 집중해서 성공하라는 사람도 있을 것입니다. 하지만 그들은 내가 퇴직했을 때 그 어떤 도움도 줄 수 없는 사람일 가능성이 큽니다.

필자는 100만 원의 소득을 발생시킬 수 있는 10가지 일을 만드는 것이 목표입니다. 지금 60% 정도 완성이 되었습니다. 나머지 40%는 채워질 수도 있고, 그렇지 못할 수도 있습니다. 새로운 일을 도전하고, 실패하며, 성공하는 여정에서 이제는 스스로 어떤 일도 시작할 수 있는 사람이 되었습니다. 여러분도 할 수 있습니다. 목표를 세우고 그것을 달성하는 방법을 계획하세요. 조금씩 성장하는 내가 되고, 어느 순간 무슨 일이든 새롭게 시작할 수 있는 사람이 되어 있을 것입니다.

소득의 다양화는 무슨 말인가요?

굳이 여러 군데에서 소득을 발생시킬 이유가 있을까요? 한군데에서 큰 소득을 발생시키면 되는 것 아닌가요?

직장 생활하는 분들은 한 달에 한 번 나오는 월급으로 살아갑니다. 월급날 계좌로 들어오는 월급이 그달의 소비를 결정합니다. 저축을 미리 떼어두고 소비한다면 매우 잘하고 있는 소비패턴이지만, 거의 다 미리 소비하고 남은 돈으로 저축합니다. 왜냐하면 신용카드를 사용해서 지난달에 이미 이번 달 소비를 다 해버리는 경우가 허다하기 때문입니다. 잘 나오던 월급이 안 나온다고 생각해보세요. 다른 소득의 대안이 있다면 그리 큰 문제는 아닐 것입니다. 하지만 월급으로만 생활하던 사람은 큰 문제입니다. 그래서 소득의 다양화가 필요합니다. 월급만이 아닌 다른 방식으로 소득을 발생시켜야 합니다.

투자할 때도 분산 투자합니다. 물론 분산 투자가 늘 옳은 것은 아닙니다. 하지만 옳지 않은 경우가 옳은 경우보다 확률이 낮습니다. 그러면 우리는 확률이 높은 분산 투자를 통해 돈을 벌어야 합니다. 한 가지 종목에 집중 투자했는데 큰 수익이 나면 그보다 스마트한 투자는 없습니다. 반대의 경우라면 아찔합니다. 생각만 해도 식은땀이 납니다. 분산 투자는 수익을 분산시키나 위험도 분산시켜 줍니다. 그만큼 위험에 노출되는 것을 막아줍니다.

소득의 다양화도 똑같은 개념으로 접근하면 됩니다. 한 직장에서 사원에서 임원까지 이르는 사람은 매우 적습니다. 낮은 확률에 기대하고 있다가 실현되지 않으면 위기를 맞이합니다. 우리는 높은 확률에 투자하고 시간을 쏟아야 합니다. 직장에서는 주어진 일에 최선을 다하고, 퇴근 후 시간에는 나만의 일에 최선을 다해야 합니다. 결국 나만의 사업을 통해 퇴직 후의 삶이 결정된다고 해도 과언이 아닙니다. 그리고 갑자기 잘 다니던 회사가 문을 닫는다든지, 정리해고에 포함된다든지의 변수에 대응할 수 있게 됩니다.

지금 하고 있는 일을 사랑하고 최선을 다해 전문가가 되세요. 그와 더불어 다른 소득을 창출할 수 있는 일도 시작하세요. 큰 수익이 나지 않아도 됩니다. 그저 시작하는 것만으로도 충분합니다.

좋아하는 분야의 사업으로 시작하라던데요

Q 직장에서 버는 돈 말고 다른 루트의 수입을 만들고 싶습니다. 어떤 사업을 시작해야 할까요?

직장을 다니면서 다른 루트의 수입을 만들기 위해서는 나만의 사업을 시작해야 합니다. 처음부터 큰 이익을 얻으려고, 또는 모든 것을 갖추어 놓고 시작하고 싶어서 투자금을 대출받아서 시작하면 남들보다 멋있게 시작할 수는 있으나, 실패했을 때 큰 리스크를 얻게 되니 추천하지 않습니다. 일단 지금 직장을 다니면서 근로소득을 올리고 있으니 동시에 시작하는 사업에서는 이익을 얻으려고 생각하지 말고, 어떻게 빌드업 해야 하는지 체험하는 것이 중요합니다.

나만의 사업을 시작해서 큰 이익으로 연결되는 시기까지 가는 여정은 그리 만만하지 않습니다. 왜냐하면 직장생활을 병행해야 하기 때문입니다. 실패도 많을 것이고, 그렇기에 성공했을 때 훨씬 더 큰 보상과 발전이 있을 것입니다. 그러려면 긴 시간 할 수 있는 아이템을 선택해야 합니다. 그래야 버틸 수 있습니다. 따라서 자신이 좋아하는 분야의 사업으로 시작하는 것이 좋습니다. 좋아해야 실패하더라도 다시 다른 방법으로 시도할 수 있습니다.

보통의 사람들은 자신이 잘하는 것을 더 잘하려고 노력하기보다, 못하는 것을 잘하기 위해 노력합니다. 제 생각은 조금 다릅니다. 잘하는 것을 더 잘하려고 노력하는 것이 상대적으로 가능성이 큽니다. 확률이 큰일을 놔두고 낮은 일에 도전하는 것은 가성비가 떨어집니다. 에너지는 많이 들어가는데, 결과는 안 좋은 경우가 허다합니다. 예를 들어 보죠. 수영을 좋아하고 물에서는 '물개'라는 별명을 가지고 있는 사람이 있습니다. 그리고 이 사람은 마라톤 완주하는 것이 꿈입니다. 과연 둘 중 어떤 것을 노력해야 전문가가 될 수 있는 확률이 높을까요? 수영입니다. 누가 봐도 그렇습니다. 하지만 보통의 사람들은 마라톤 연습을 합니다. 그러면서 수영 실력은 오히려 줄어듭니다.

사업도 마찬가지입니다. 자신이 좋아하는 분야의 사업을 하지 않고, 다른 사람들이 성공한 분야 또는 자신이 꿈꾸던 분야의 사업을 하려고 합니다. 물론 사업의 경험과 빌드업 해서 성공시킨 적이 있다면 그때는 꿈꾸던 분야에 도전해도 됩니다. 하지만 시작부터 그렇게 고된 길을 갈 필요가 없습니다. 왜냐하면 그것이 아니어도 충분히 고되기 때문입니다. 좋아하는 분야의 일을 해야 버틸 수 있습니다. 잘하는 분야의 일을 해야 더 잘할 수 있습니다.

자신이 좋아하고 잘하는 분야의 일은 찾아보면 무궁무진하게 많습니다. 이것 하나만은 필자가 보장할 수 있습니다. 이익이 발생되지 않아도 꾸준히 해보세요. 그 여정 중에 분명히 새로운 길이 보입니다. 좋아하는 일, 잘하는 일에 대한 사업으로 시작해보세요.

초기 투자금이 부담스러워서 사업 시작을 못 하겠어요

사업을 시작하고 싶어도 돈이 없어서 시작을 못 합니다. 돈을 모으고 시작해야 할까요?

자본금이 필요한 사업이 있습니다. 하지만 그렇지 않은 것들도 있죠. 물론 자본금이 들어가지 않는 사업은 수익을 내려면 시간이 필요하겠죠. 그리고 노력도 들어가야 합니다. 자본금이 필요 없는 사업은 무엇이 있을까요?

첫 번째, 블로그, 인스타그램, 유튜브를 시작하세요. 카페를 만들어 보세요. 이런 게 무슨 사업이냐고요? 네이버에 유튜브 수입 순위라고만 검색해도 어마어마한 수입을 확인할 수 있습니다. 그러면 돌아올 대답도 뻔합니다. 그런 수입을 만들어내려면 시설이나 편집에 투자도 큰돈을 들여야 한다고 말이죠. 하지만 그런 유튜브 채널도 시작은 매우 어설펐습니다. 시작부터 위대한 돈이 들어가는 일도 있지만, 세상의 거의 모든 일은 작은 일에서 시작됩니다. 블로그도, 유튜브도, 인스타그램도 마찬가지입니다. 그래서 수입에 연연하지 않으려면 직장생활을 하면서 사업을 시작해야 한다는 것입니다. 매일 꾸준히 SNS에 콘텐츠를 업로드해보세요. 많은 양을 업로드하라는 것이 아닙니다. 꾸준히 하라는 것입니다. 매일 2개씩 1년을 해보세요. 1년 전과는 분명 달라져 있을 것입니다.

두 번째, 스마트스토어를 추천합니다. 네이버에서 자신만의 스마트스토어를 만들 수 있습니다. 물론 무료입니다. 자신이 좋아하는 분야의 물건을 팔아 보세요. 이것도 SNS와 마찬가지로 꾸준히 상품을 업로드해보세요. 구체적인 방법은 유튜브만 검색해도 엄청나게 많은 정보를 얻을 수 있습니다. 그것을 꾸준히 할 수 있는 태도가 가장 중요합니다.

세 번째, 영업을 해보세요. 어떤 영업이든지 상관없습니다. 사람을 직접 만나서 무언가를 판매할 수 있는 사람이 될 수 있다면, 어떤 사업이든 시작할 수 있습니다. 그런 영업을 어디서 배울 수 있을까요? 네이버에 '직장 다니면서 할 수 있는 투잡', 또는 '직장 다니면서 할 수 있는 영업'이라고 검색해보세요. 유튜브에도 검색해보세요. 대부분은 바이럴 마케팅이나 다단계 판매가 나올 것입니다. 한번 해보세요. 해보지도 않고 할 수 있는 일이 없다고 하지 마세요. 필자도 모두 해봤습니다. 물론 평생 업으로 할 수 있는 일은 아닙니다. 하지만 그 경험이 지금의 사업을 하는 데 엄청나게 큰 도움이 되고 있습니다. 여기서 한 가지 주의할 것은 일정 금액의 돈을 내고 하는 일은 하지 말아야 한다는 것입니다. 그런 것을 어떻게 찾냐고요? 그것을 쉽게 찾을 수 있다면 누구나 했겠죠. 찾을 수 있습니다. 그리고 오롯이 홀로 해내야 합니다. 그것부터 시작입니다. 저도 해냈고, 여러분도 해낼 수 있습니다.

인터넷 판매를 하려는데 어떤 아이템이 좋을까요?

Q 인터넷에 판매해보려고 합니다. 어떤 아이템으로 시작해야 할까요? 좋은 아이템을 고르기가 너무 힘들어요.

인터넷을 이용해 무언가를 판매하려면 자본금도 많이 들고, 준비해야 할 것도 엄청 많을 것으로 생각하시지만 그렇지 않습니다. 일단 스마트스토어는 사업자등록증이 있으면 개설할 수 있습니다. 사업자등록증이 없다면 개인으로 개설하고, 후에 사업자로 전환하는 방법도 있습니다.

사업자등록증 발급도 홈택스에서 가능합니다. 굳이 직접 방문하지 않아도 할 수 있는 세상이니 너무 편리하죠!

인터넷에 나만의 상점을 개업하는 데 단 1원도 들지 않습니다. 그리고 상품을 등록하는 것도 무료입니다. 이제 대박 날 아이템을 하나 골라서 잘 팔기만 하면 됩니다. 누구나 돈을 벌 수 있고, 부자가 될 수 있

자료 9-2. 네이버 스마트스토어 시작 화면

출처 : 네이버

습니다. 하지만 부자의 길이 그리 쉽지는 않겠죠. 그 아이템을 고르는데 몇 년이 걸리기도 합니다. 그렇다면 그런 아이템은 어디서 고를 수 있을까요?

답은 하나입니다. 여러 가지 물건을 많이 팔아 보는 경험을 하는 것입니다. 그리고 가장 첫 번째로 등록해야 하는 물건은 자신이 가장 관심 있는 물건입니다. 처음 판매하는 물건이므로 수익을 생각하면 안 됩니다. 때로는 손해를 보고도 팔아야 합니다. 그래서 무자본으로 창업하고, 계속 물건 수를 늘려가면서 경험을 쌓고 도전해야 한다는 것입니다.

자, 여기까지 이야기하면 필자에게 이런 질문을 하겠죠? "당신은 해봤냐?"고요. 네, 해봤습니다. 지금은 판매하고 있지 않지만 얼마 동안 스마트스토어, 쿠팡, 11번가, 인터파크에서 물건을 팔아봤습니다. 소위 말하는 위탁판매입니다. 지금은 다른 분야에서 다른 일을 도전하고 있어서 중단되었지만, 이 경험을 통해 어떤 물건도 온라인에서 팔 수 있는 실력을 쌓았습니다. 수익을 내는 실력은 아니고, 온라인에 등록하고 광고하는 실력 말입니다.

처음에는 내가 좋아하는 물건을 팔지만, 결국에는 사람들이 좋아하는 물건을 팔아야 수익을 낼 수 있게 됩니다. 그 시간이 될 때까지 계속 실력을 쌓아야 합니다.

카페, 밴드, 페이스북, 인스타그램, 블로그를 해야 할까요?

Q 주위에서 SNS를 시작해야 한다고 합니다. 그런데 사업을 시작하는 것과 SNS를 시작하는 것이 무슨 관계가 있나요?

주위에 계신 분들이 정확히 알고 계시네요. 지금은 SNS를 통해 광고하는 것이 필수인 시대입니다. 유튜브 채널을 키워 상품을 판매해보세요. 블로그를 키워 내가 판매하는 상품을 노출 시켜 보세요. 엄청난 광고효과를 얻을 수 있습니다. 그렇다면 SNS를 시작한다고 무조건 그런 효과를 얻을 수 있을까요? 아닙니다. 유튜브 구독자 수는 한 번에 폭발적으로 늘어납니다. 하지만 그때까지 콘텐츠를 꾸준히 올리면서 구독자가 좋아하는 주제도 파악해 가야 합니다. 블로그야말로 꾸준함이 제일 중요합니다. 하루에 1개의 포스팅만으로는 부족해서 하루에 5개씩 포스팅하면서 블로그를 키우는 블로거도 본 적이 있습니다. 결국 이웃수가 폭발하면서 인플루언서가 되었습니다.

장사를 시작한다고 생각해보세요. 제일 중요한 것은 판매하는 상품이 좋아야 합니다. 그리고 그다음은 장사를 어디서 할 것인지입니다. 사람이 많이 지나다니는 유동인구가 많은 곳에서 장사하면, 결국 어느 정도의 판매는 보장됩니다. 판매 후 구매자들의 만족도가 그곳의 향후 매출을 결정하겠죠. 결국 판매하는 상품은 크게 다르지 않다고 생각하면, 얼마나 유동인구가 많은 장소를 선점하는가에 대한 싸움입니다.

SNS도 마찬가지입니다. 구독자가 많고, 블로그 이웃이 많으며, 카페에 회원이 많다면 판매하는 상품의 품질만 좋다면 잘 팔립니다. 입소문이 나서 구독자는 더 늘어납니다. 그래서 구독자 수도 빈익빈 부익부가 생겨나죠. 잘되는 집은 계속 잘됩니다. 왜냐하면 계속 노출이 되고, 알고리즘으로 인해서 퍼져나가기 때문입니다. 이 정도까지 SNS를 키우려면 시간과 노력이 필요합니다. 그래서 사업을 시작함과 동시에, 또는 시작하기도 전에 SNS를 먼저 시작해서 키우고 있어야 한다는 것입니다.

이렇듯 이제는 SNS를 통하지 않고서는 광고하기 힘들어졌습니다. 물론 SNS 마케팅 말고 스마트스토어, 쿠팡 자체 광고프로그램을 통해 마케팅할 수 있습니다. 하지만 SNS까지 함께 마케팅한다면 더욱 시너지가 나겠지요.

SNS는 필수입니다. 멋있는 여행 사진을 올리든지, 맛있는 음식 사진을 올리든지, 매일 일기를 쓰든지 아무 상관이 없습니다. 어떤 수를 써서라도 SNS의 팔로워를 늘려놓으세요. 결국 그것으로 큰 수익을 올리게 될 것입니다.

자료 9-3. 네이버 검색창에서 'SNS 마케팅' 검색

N **sns 마케팅**

MAZE 2022.09.25.

공공기관 콘텐츠 제작 온라인마케팅은 '마제스타지'

최근 많은 공공기관은 답답하고 점잖아야 했던 구시대적 소통의 틀에서 벗어나각종 **SNS**채널을 이용하여 시민들과 적극적인 소통을 진행하고 있습니다....

2022.12.23.

SNS 동영상 콘텐츠, 숏폼도 비즈니스!

15초, 길게는 10분 이내의 짧은 러닝타임의 숏폼 영상 콘텐츠는 원하는 정보와 재미를 빠르게 소비하고자 하는 MZ세대를 중심으로 확산되고 있다. 숏폼 콘텐츠의 소...

7일 전

바이럴, SNS 마케팅의 법칙

인스타그램, 블로그에 꾸준한 기록을 하면 마케팅 업체들은 왜 관심을 갖는 것일까요? **SNS 마케팅** 업체는 또... 2017년에 출간된 이 책에는 이제는 많은 사람들이 알...

♡~ 2022.10.06.

콘텐츠와 글쓰기로 매출 올리는 sns 마케팅

봐야겠다 ^^*~ SNS 플랫폼을 효과적으로 활용할 수 있는 다양한 방법과 꿀팁이 이해하기 쉽게 소개되어 있구나!! 기획자,마케터,영업자를 위한 **SNS 마케팅** 최고 비...

2022.06.17.

SNS 마케팅 디자인 with 파워포인트

SNS 마케팅 디자인 with 파워포인트 저자 김기만, 배준오 출판 길벗 발매 2022.05.31. 지은이: 김기만, 배준오 제목... part00 초보자도 가능한 디자인 감각 키우기 파트...

인플루언서 2022.09.27.

21권째 북리뷰_창업에서 운영까지 단계별로 실천하는 SNS마케팅

시작하는 사람들에게는 좀 더 효율적으로 시작할 수 있게 도와줄 것이고, 이미 **SNS**에 익숙한 사람들에게는 간과했던 사소하면서도 중요한 팁들을 얻어갈 수 있을 만...

출처 : 네이버

유튜브는 사업에 도움이 되나요?

유튜브가 사업에 도움이 될까요? 처음에는 구독자를 모으기도 힘들고, 콘텐츠를 만들기 위해 투자도 해야 할 것 같은데, 엄두가 나지 않네요

유튜브는 사업에 도움이 됩니다. 그리고 구독자 수와 상관이 있습니다. 구독자 수가 높으면 높을수록 도움이 더 많이 되겠죠. 그러면 구독자 수를 늘리고, 인기 있는 유튜브 채널로 키우려면 어떻게 해야 할까요?

〈좋니〉라는 곡으로 엄청난 유튜브 조회 수를 기록한 윤종신 씨가 유튜브 채널에 관해 이야기했던 내용이 생각납니다. 정확히 모든 내용이 기억나지는 않지만, 몇 가지 기억나는 것을 말해볼게요.

1. 노래 저장소의 기능으로 유튜브 채널을 이용하고 있음.
2. 인기 있는 노래를 올리려고 노력하나, 그것보다는 꾸준히 올리는 것을 중요하게 생각함.
3. 그중에서 결국 조회 수 높은 영상이 나온 것이 〈좋니〉라는 곡이고, 음악 차트 1위를 만들어 줌.

제가 생각하는 윤종신 씨가 말하는 요점은 꾸준함입니다. 콘텐츠의 양과 질 중에서 양을 중요하게 생각했던 것입니다. 물론 영상미도 뛰어나고 음질도 좋은 콘텐츠를 업로드하면 조회 수를 높일 수 있겠죠. 하지만 우리는 그럴 만한 여유도 없고, 막대한 자금을 투입할 여력도 없습니다. 그렇다면 꾸준함으로 승부를 봐야 합니다.

이렇게 이야기하면 또 한 가지 의문이 듭니다. '그러면 어떤 내용으로 콘텐츠를 만들어야 할까?'에 대한 의문이죠. 모든 유튜브 채널의 시작은 조회 수 0에서부터 시작합니다. 구독자 0명에서 시작합니다. 시작이 모두 같습니다. 어떤 사람은 돈을 많이 내서 조회 수 1만에서 시작하거나 구독자 10만에서 시작하는 것이 아닙니다. 이미 그렇게 만들어진 채널을 돈을 주고 사는 방법도 있지만, 우리는 그렇게 할 수 없으니 논외로 합시다. 일단 콘텐츠의 퀄리티보다 내용에 집중하세요. 이것은 계속 만들어 보고, 수정을 거쳐야 가능한 일입니다. 머릿속으로 계속 생각하며 계획한다고 해서 나아지는 문제가 아닙니다. Just Do It! 일단 시작하세요. 그리고 수정해 나가세요.

사업을 하면서 중요한 것은 마케팅입니다. 나를 알리든지, 내 상품을 알리든지 둘 중 하나는 필수입니다. 내가 유명하면 내가 판매하는 상품을 알게 될 것이고, 내 상품을 알게 되면 내 프로필이 노출되겠죠. 이것을 도와줄 수 있는 게 SNS입니다. 그중에서도 유튜브입니다.

지금 당장 자신만의 채널을 만들고 영상을 올려보세요. 아무 영상이나 상관없습니다. 스마트폰으로 찍은 어설픈 영상도 좋습니다. 시작한 채널이 실패해도 너무 상심하지 마세요. 다른 채널을 다시 시작하면 되잖아요. 채널 생성은 무료입니다.

한 번에 여러 가지 사업을 할 수 있나요?

> 이 책에서 작가님은 100만 원짜리 소득 10개를 만드는 것이 목표라고 하셨는데, 어떻게 10가지 일을 한 번에 할 수 있나요? 저도 가능할까요?

충분히 할 수 있습니다. 누구나 10가지 일 또는 그 이상의 일도 가능합니다. 그것이 어떻게 가능한지 알려드릴게요.

필자는 10가지 일을 동시에 하지 않습니다. 100만 원짜리 소득 10개 만들기를 꽤 오래전부터 시작했습니다. 지금 하는 일을 모두 합해보니 14가지 정도 되더라고요. 14가지 모두 수익이 발생하는 것은 아니지만, 계속 빌드업 시키면 가능한 일이 될 것이라는 확신이 듭니다. 10가지 일을 동시에 할 수 있는 사람은 이 세상에 없습니다. 그러면 저는 어떻게 10가지 일을 동시에 할 수 있을까요? 바로 스마트폰과 노트북에 그 비밀이 있습니다. 순서대로 말해볼게요.

첫 번째 일을 시작합니다. 저는 보험설계사를 선택했습니다. 일단 보험회사에 들어가야겠죠. 그리고 보험과 상품에 대해서 배우고 스스로 공부합니다. 여기서 중요한 것은 스스로 공부할 수 있는 능력입니다. 10가지 일을 하려면 스스로 할 수 있어야 합니다. 능동적인 사고와 행동을 하지 못한다면, 그것을 할 수 있도록 습관을 만드는 것이 우선입니다. 그것을 만들면서 일도 시작해야 합니다. 보험설계사에 대한 일을 3년 정도 에너지를 쏟아서 했고, 그리고 코로나가 시작되기 전에 이미 대면 영업에서 비대면 영업으로 전환해놓았습니다. 4년 차부터 투자에 관한 공부를 시작했고 보험영업도 병행했습니다. 비대면 영업이었으므로 투자에 관한 공부를 하는 데 큰 어려움이 없었습니다.

두 번째 일을 시작합니다. 증권사에 등록하기 위해 펀드 투자 권유대행인 자격을 취득하고, 퇴직연금 모집인 자격을 취득했습니다. 증권사에 등록하고 투자에 관한 내용을 블로그와 유튜브에 올리기 시작했습니다. 좋은 기회가 생겨 책도 한 권 쓰게 되었습니다. 두 번째 증권사 일을 시작함과 동시에 세 번째 작가의 일이 시작되었습니다. 증권사 일은 아예 비대면 영업으로 시작했으므로, 글을 쓰고 책을 출간하는 데 시간을 할애할 수 있었습니다. 물론 보험영업도 동시에 하고 있었습니다.

네 번째 일을 시작합니다. 스마트스토어를 만들고 물건을 팔기 시작했습니다. 지인을 통해 비교적 쉽게 스마트스토어 운영을 배웠습니다. 그리고 판매할 물건도 위탁받아서 판매했습니다. 동시에 보험설계사, 증권사, 작가의 일을 진행하고 있었습니다.

다섯 번째 일을 시작합니다. 노무법인에 들어가 사무장으로 영업을 시작합니다. 이 일은 책을 쓰는 이 순간에도 진행 중인 일입니다. 현재 대면 영업을 위주로 하고 있지만 비대면 영업이 가능해지는 순간, 또 한 가지 일을 시작할 것입니다.

모든 일을 진행하면서 블로그와 유튜브, 페이스북 SNS 활동은 계속

해왔습니다. 키워가는 중이고, 올리는 콘텐츠의 양을 중요하게 생각하고 업로드하고 있습니다.

필자가 여러 가지 일을 한 번에 할 수 있는 이유는 차례차례 차근차근 한 가지 일씩 시작하면서 비대면으로 업무를 할 수 있도록 전환했기 때문입니다. 스마트폰과 노트북만 있다면, 해외에서도 모든 업무를 처리할 수 있습니다. 이렇게 되기까지 수많은 시행착오와 실패가 있었습니다. 어느 날은 잠을 못 잘 정도로 업무에 집중할 때도 있었고, 새로 시작했던 셰어하우스는 코로나로 인해 손실을 볼 때도 있었습니다. 그런데도 재정적인 문제가 없었던 이유는 소득의 다양화 때문이었습니다.

한 가지씩 시작해보세요. 처음은 누구나 어렵고 힘듭니다. 하지만 이것을 극복해내는 순간, 다른 일을 시작할 때는 매우 수월하게 할 수 있습니다. 그리고 계속 도전하게 됩니다. 왜냐하면 도전이 쉬워지니까요. 도전의 성공과 실패는 중요하지 않습니다. 10개 도전해서 1개라도 성공시킨다면 큰 소득입니다. 우리는 직장에 계속 다니면서 고정 수입은 발생하고 있기 때문이죠.

PART

10

재무설계, 내 인생의 돈 계획

재무설계가 필요한가요?

Q 돈 모으고 투자해서 돈을 불리면 되는 것 아닌가요? 재무설계는 왜 필요한 거죠?

정확하게 알고 계시네요. 맞습니다. 돈 모으고 투자해서 불리면 됩니다. 그 과정을 계획해주고 정리해주는 것이 재무설계입니다. 정확히 말하면 언제까지 얼마의 돈을 모으고 투자해서 불린 후에 어느 시점부터 그 돈을 사용해야 하는지 알려주는 것입니다. 물론 이런 계획 없이 모으고 투자해서 불리는 것도 가능합니다. 하지만 계획을 세우고 소비를 미루며 저축하고 투자하면, 계획한 시간에 소비할 돈을 모을 수 있게 됩니다. 그것이 왜 중요한지 알려드릴게요.

자료 10-1은 1인당 생애주기 적자와 흑자를 나타낸 그래프입니다. 우리는 소득보다 소비가 많은 적자의 삶을 살아내야 합니다. 27세부터 시작되는 흑자의 시대에 소비를 미루고 최대의 저축을 해야 하며, 투자

자료 10-1. 1인당 생애주기 적자 추이

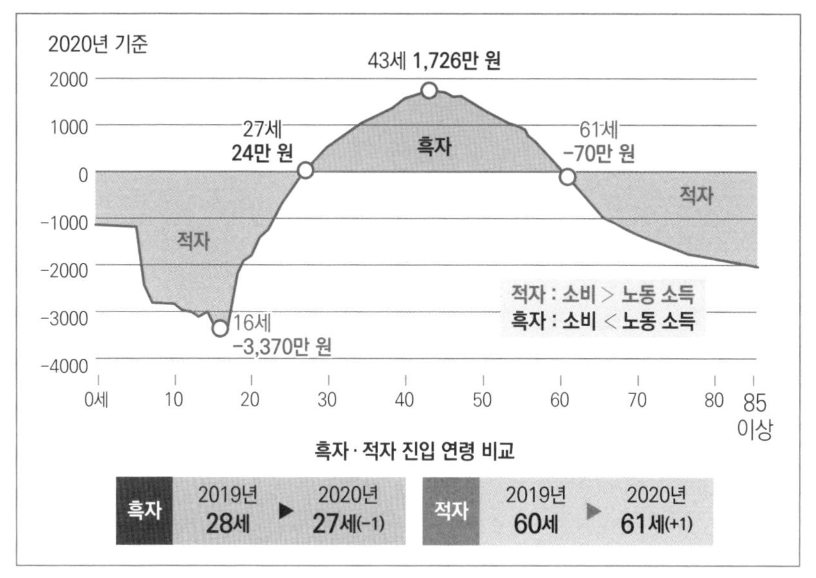

출처 : 김민지 기자, 1인당 생애주기 적자 추이, 〈연합뉴스〉, 2022년 11월 29일자 기사

하고 불리기까지 완료해야 합니다. 왜냐하면 61세부터 시작되는 적자의 시대를 살아갈 자금이 이미 만들어져 있어야 하기 때문입니다. 아마 여러분 중에서 이런 그래프를 본 사람은 거의 없을 것입니다. 이유는 관심이 없기 때문이고, 노후빈곤에 대해서 그 누구도 알려주지 않기 때문입니다. 은퇴하기 전 적어도 5억 원의 자금이 마련되어 있어야 합니다. 그래야 은퇴 이후에 한 달에 100만 원 정도를 소비하면서 40년 이상 살 수 있습니다. 그렇지 못하면 은퇴 후에도 계속 일자리를 알아봐야 하며, 일도 계속하고 소비도 미루며 계속 저축해야 합니다. 은퇴 후에 진정한 은퇴를 위한 절약과 저축을 시작해야 한다는 것입니다.

따라서 재무설계를 통해 인생의 돈 계획을 세워야 합니다. 지금 소득을 분석하고 소비하기 전에 얼마를 저축하고 투자해야 하는지, 자신이 처할 수 있는 위험을 분석해 보험도 가입해야 합니다. 은퇴 시기를 정하고, 그전까지 노후자금을 모을 계획과 은퇴 이후에 어떻게 그 돈을 소비해야 하는지 계획합니다.

재무설계는 지금 같은 저금리, 저성장 시대에는 필수입니다. 저금리로는 저축으로 돈을 불리기 힘듭니다. 저성장이므로 은퇴 후 일자리를 구하는 일은 점점 더 힘들 것입니다. 그리고 빈익빈 부익부 현상이 더 심해지겠죠.

전문가에게 재무설계를 의뢰하세요. 앞으로의 인생을 위해 돈 계획을 꼭 세우고, 그에 맞는 저축과 투자를 하시기 바랍니다.

좋은 재무설계사는 누구인가요?

> Q 얼마 전 무료로 재무설계를 해준다고 해서 만났습니다. 그런데 재무설계보다 보험상품을 설명해주더라고요. 좋은 재무설계사는 어떻게 만날 수 있나요?

필자도 참 안타깝게 생각하고 있는 부분입니다. 재무설계는 상품처럼 누구에게나 맞는 것이 아닌, 각자 다른 환경에 맞게 설계해야 하는 것이라서 무료로 서비스해줄 수 있는 것이 아닙니다. 일단 무료로 재무설계나 보험설계를 해준다는 것은 결국 설계가 아닌, 다른 것을 통해 수익을 창출하겠다는 것입니다. 예를 들면, 보험판매나 펀드판매 등입니다. 앞뒤가 바뀐 것입니다. 상품판매를 통해 재무설계를 하는 것이 아닌, 재무설계를 통해 상품을 판매해야 합니다. "무슨 차이가 있느냐?"라고 반문하실 수도 있으나 둘은 엄청난 차이가 있습니다. 상품판매가 목적이 된다면, 제대로 된 재무설계가 나오기가 쉽지 않습니다. 정말 솔직히 말씀드리면, 쉽지 않은 것이 아니라 안 됩니다. 재무설계를 통해 가입해야 할 상품이 생길 수도 있습니다. 그렇다면 그 상품의 가입은 재무설계사만을 통하지 않아도 됩니다. 그리고 재무설계사도 이미 재무설계로 수익을 올렸으므로, 상품판매를 통한 수익은 올리지 않아도 됩니다. 재무설계에 필요한 상품은 엄청나게 많습니다. 가입하는 회사와 방법도 여러 가지입니다. 그것을 가이드하는 것까지 재무설계사가 할 일입니다. 하지만 앞의 질문은 앞뒤가 바뀌었습니다. 재무설계는 뒷전이고, 상품판매를 위한 만남이었던 것입니다.

좋은 재무설계사를 판단하는 법을 알려드릴게요.

1. 무료 상담하는 재무설계사는 피합니다.
2. 유료 상담을 제안하고 공인된 자격증을 많이 가지고 있는 재무설계사를 택하세요.

일단 유료 상담을 제안하는 재무설계사를 택해야 합니다. 물론 유료 상담한다고 해서 무조건 좋은 재무설계사를 만날 수 있는 것은 아닙니다. 그리고 자격증을 많이 가지고 있다고 해서 그런 것도 아니고요. 하지만 적어도 좋은 재무설계사를 만날 가능성을 높여주긴 합니다. 그리고 다른 사람에게 좋은 재무설계사를 소개받아도 자신에게는 맞지 않을 수 있습니다. 그러면 좋은 재무설계사는 아니겠지요. 따라서 한 번에 찾으려고 하지 말고, 시행착오를 겪더라도 자신에게 맞는 좋은 재무설계사를 찾아야 합니다. 인생에서 1명의 재무설계사만 있으면 됩니다. 여러 명도 필요 없습니다. 자신에게 잘 맞고, 자신의 라이프스타일을 이해해서 조언해줄 수 있는 사람이어야 합니다.

월급에서 지출을 정해주는 게 재무설계인가요?

> **Q** 버는 돈을 어떻게 쓰는지 정해주는 게 재무설계인가요? 그런 것이라면 저는 지금 잘하고 있으니 굳이 재무설계를 받을 필요 없는 거죠?

버는 돈을 어떻게 쓰는지 정해주는 것도 재무설계에 포함됩니다. 하지만 그것이 다는 아닙니다.

1. 은퇴설계	2. 부동산설계	3. 상속설계
4. 위험관리와 보험설계	5. 투자설계	6. 세금설계

총 6가지 부문으로 나뉩니다. 이것은 AFPK(재무설계사, ASSOCIATE FINANCIAL PLANNER KOREA) 자격시험의 내용입니다.

자료 10-2. AFPK 교육과목 및 내용

과목명	교육내용
윤리관련 기본규정	AFPK(재무설계사)가 준수하여야 하는 윤리 관련 기본규정, 재무설계 업무수행기준 및 자격인증 절차 등을 다루고 있음.
재무설계 개론	재무설계의 역사와 배경, 재무설계 프로세스, 개인 재무제표, 개인 자산관리, 소비자 신용과 개인 신용관리, 소비자 금융 등 재무설계에 필요한 기초 지식을 다루고 있음.
위험관리와 보험설계	재무적 목표를 달성하는 과정에서 발생하는 위험의 종류 및 위험에 대비 할 수 있는 보험의 기초, 보험관련 법규, 보험상품, 보험 관련 세제 등을 다루고 있음.
투자설계	최적의 투자 포트폴리오의 구성하는데 필요한 경제환경, 투자위험및 투자상품 중 증권, 주식, 채권, 증권분석, 파생상품, 금융상품 등을 다루고 있음.
부동산설계	주거의 안정과 투자를 위한 부동산의 종류, 부동산 권리 및 거래의 법률관계, 부동산의 이용에 관한 공법관계, 부동산경제 및 시장, 부동산의 가치평가, 부동산의 운영 및 관리 등을 다루고 있음.
은퇴설계	은퇴설계의 개요, 공적연금, 기업연금, 개인연금, 종업원 복지제도, 기타 복지제도 등 고객이 은퇴 이후의 삶을 준비하는데 필요한 사항을 다루고 있음.
세금설계	재무목표 달성 과정에서 발생하는 금융· 부동산 관련 세금 및 상속·증여세 등 세금 관련 기본 지식을 다루고 있음.
상속설계	개인이 이제까지 축적한 유무형의 유산을 다음 세대에 효과적으로 이전하는데 필요한 상속의 개요, 상속재산의 분할과 유언, 상속 및 사업승계 설계 등을 다루고 있음.

출처 : https : //www.fpsbkorea.org

돈을 벌고 쓰는 것에 관한 내용은 재무설계 개론에 포함된 것이라고 할 수 있겠네요. 그것만을 가지고 재무설계라고 한다면, 매우 일부분을 이야기하고 있는 것입니다. 자산관리뿐만이 아니라 은퇴하기 전까지 어떻게 돈을 모으고 투자할 것인지, 투자는 어떤 방식으로 할 것인지, 주식 투자인지, 부동산 투자인지, 사업에 투자할 것인지, 그에 따른 세금은 어떻게 줄이고 납부할 것인지, 그렇게 자산을 쌓아가고 불려가면서 자신에게 발생할 수 있는 위험은 어떤 것인지, 그것을 어떻게 예방하고 준비할 것인지, 그리고 최종적으로 그렇게 축적한 부를 자녀들에게 어떻게 상속할 것인지에 대한 총체적인 계획을 세우고, 준비하게 만들어 주는 것이 재무설계입니다. 실제로 재무설계사를 꿈꾸고 있는 분들도 이 책을 읽고 있다면, 매우 중요하고 탁월한 실력이 필요한 일이라고 이야기해주고 싶습니다. 또한, 재무설계사에게 재무설계를 받아보려고 했던 분들이 있다면, 좋은 재무설계사를 만날 때까지 포기하지 말라고 이야기해주고 싶습니다.

보험으로만 재무설계를 끝낼 수 있나요?

재무설계를 받았습니다. 보험을 몇 개 들었어요. 이것으로 저축, 투자, 연금 모두 해결할 수 있다고 하는데 가능한가요?

필자의 생각을 먼저 말씀드리는 것이 좋겠네요. 저는 저축, 투자, 연금을 보험으로만 준비하는 것은 불가능하다고 생각합니다. 저축, 투자, 연금, 보험은 각각 담당하고 있는 분야가 다릅니다. 따라서 어떤 상품 하나만으로 재무설계를 끝내는 것은 매우 위험한 것입니다. 물론 보험으로 저축, 투자, 연금을 준비하지 못하는 것은 아닙니다.

변액보험이라는 상품으로 가능합니다. 변액보험은 생명보험의 기능을 합니다. '주 계약'에는 무조건 생명보험 담보가 들어가야 합니다. 주 계약이란 보험의 기본 세팅 값이라고 생각하면 됩니다(모든 보험은 주 계약과 특약으로 구성됩니다). 그리고 적립하는 보험료는 펀드에 투자되기 때문에 저축과 투자의 기능을 담당합니다. 마지막으로 보험료를 모두 납입하고 납입완료 상태가 되면, 주 계약에 적립해서 투자된 적립금을 연금으로 전환해서 나누어 받을 수도 있습니다. 연금의 기능을 담당하게 됩니다.

필자가 생각하기에 변액보험은 매우 좋은 선택이 될 수 있습니다. 하지만 이렇게 준비하려면 한 달에 보험료를 자신의 소득에서 40% 이상 납입해야 합니다. 왜냐하면 저축, 투자, 연금을 한 가지 상품에 몰아넣는 것이기 때문입니다. "그러면 여러 가지 보험상품에 분산해서 넣으면 되죠?"라고 물으실 것입니다. 상품이 달라도 보험이라는 속성은 변하지 않습니다. 결국 보험상품 하나에 몰아넣고 있는 것과 다를 것이 없습니다. 그리고 보험상품은 2달 연속 보험료를 납입하지 않으면 실효상태, 즉 보험의 효력을 잃어버리는 상태가 됩니다. 납입의 자유가 없습니다. 왜냐하면 보험사는 고객의 위험을 계속 부담하는 상태이기 때문에 보험료가 납입되지 않으면, 더 이상 위험을 부담하지 않겠다는 것입니다.

따라서 보험상품으로만 재무설계하는 것은 매우 위험한 것입니다. 저축, 투자, 연금, 보험은 각각의 상품으로 준비해야 합니다.

1. 저축 : 은행의 예금상품
2. 투자 : 주식, 부동산, 사업
3. 연금 : 국민연금, 퇴직연금, 개인연금저축펀드, 개인형 IRP
4. 보험 : 생명보험, 질병보험 등의 상품

이 4가지를 한 번에 해결할 수 있는 상품은 이 세상에 아직 없습니다.

무료로 재무설계 해준대요

Q 지인의 소개로 재무설계를 받기로 했습니다. 따로 비용은 없고 무료로 해주신다고 합니다. 일단 받아볼까요?

모든 서비스에는 돈을 지불하게 되어 있습니다. 서비스를 제공하는 것에 대한 대가입니다. 하지만 그 대가를 지불하지 않아도 되는 서비스라면 저는 받지 않을 것입니다. 공짜 좋아하면 대머리 된다는 말이 있죠? 그렇다고 공짜가 모두 사기라는 이야기는 아닙니다. 무료 서비스 중에서도 훌륭한 것들이 많이 있습니다. 제가 이야기하는 것은 재무설계에 관한 서비스입니다.

필자도 보험설계사이고 재무설계사이지만, 사실 이 2가지를 잘할 수 있는 사람은 흔하지 않습니다. 많은 보험설계사가 재무설계 서비스를 해준다고 하지만, 결국 보험상품을 판매하려는 목적이 강합니다. 그저 몇 가지의 케이스만을 달달 외워서 보험판매 영업을 시작합니다. 재무설계라는 것은 개인의 라이프스타일에 맞게 매우 민감하게 설계해야 하는데, 보험상품 판매를 위해서 그것들은 무시합니다. 물론 저도 보험 영업을 시작할 때 그런 유혹을 받았습니다. 왜냐하면 그렇게 해야 보험 상품 판매가 쉬워지기 때문입니다. 정해진 보험상품에 개인의 라이프 스타일을 끼워서 맞추면, 결국 그 상품을 선택하게 되어 있습니다. 따라서 무료 서비스라는 타이틀을 내세우는 사람들을 매우 조심해야 합니다. 단언컨대 좋은 재무설계사는 무료 서비스하지 않습니다. 재무설계를 해주는 것만으로도 수익을 창출해야 하기 때문입니다. 보험상품, 증권상품, 부동산 등을 판매하는 수수료가 없이도 재무설계를 합니다. 매우 심플하게 말하자면 재무설계로 돈을 받느냐, 상품판매로 돈을 받느냐의 차이입니다.

자, 이제 왜 무료 재무설계 서비스를 받는 것을 경계해야 하는지 아시겠죠? 좋은 재무설계사를 만나기는 쉽지 않습니다. 여러 명의 재무설계사를 만나 보면서 서비스를 받아 보고, 자신에게 맞는 재무설계사를 만나시길 바랍니다.

저는 재무설계 필요 없어요

> Q 글쎄요. 저는 재무설계는 필요 없어요. 꼬박꼬박 저축하고 열심히 살고 있습니다. 이대로 계속하면 되겠죠.

재무설계가 모든 사람에게 필요할까요? 네, 맞습니다. 모든 사람에게 필요합니다. 물론 재무설계를 해야만 돈을 잘 모으고, 잘 불리며, 부자가 되는 것은 아닙니다. 재무설계는 말 그대로 설계입니다. 계획입니다. 보통 한 사람의 인생이 적게는 80년에서 많게는 100년 이상입니다. 80년 이상의 인생을 계획 없이 사는 사람은 자신이 어떤 길로 가야 하는지 자주 잊습니다. 반드시 계획이 있어야 한다는 말입니다. 물론 모든 일이 계획대로 된다면 좋겠지만 그렇지 않습니다. 그래서 더욱 계획이 필요합니다. 계획이 실패했을 때를 예상하며 준비하고 있어야 합니다.

재무설계는 돈을 설계하는 일입니다. 건물을 짓기로 했는데 설계도 없이 시작한다면, 그 건물은 완공도 되기 힘들 뿐만 아니라 완공 후에도 부서지거나 하자가 빈번하게 생길 것입니다. 돈이 없으면 인생을 살아가기가 불가능합니다. 가능하다고 생각하는 사람은 자본주의를 부정하고, 현대사회에서 동떨어져 자연으로 돌아가서 살아야 합니다. 아마존 밀림 같은 곳에서 사는 사람들은 계획을 하지 않습니다. 하루하루 주어진 삶을 받아들이며 살아갑니다. 그런 삶도 매우 소중한 삶이죠. 하지만 우리는 그렇지 않습니다. 돈이 없으면 당장 오늘 밥을 굶어야 합니다. 옷을 입을 수도 없고, 잠을 잘 공간도 없습니다. 이렇게 중요한 돈에 대한 설계 없이 인생의 건물을 지을 수는 없습니다.

1980년대를 살았던 분들은 고등학교까지 졸업하고, 대학 가서 좋은 직장에 취직하고, 은퇴하기 전까지 꼬박꼬박 저축하면 집도 살 수 있었고, 은퇴자금도 마련할 수 있었습니다. 하지만 지금은 그렇지 않습니다. 1980년대는 고성장 시기였습니다. 은행에 1억 원을 넣어두면 한 달에 100만 원씩 이자가 나왔습니다. 지금은 1억 원을 넣어두면 한 달에 5만 원도 나오지 않습니다. 1억 원이라는 금액이 매우 큰 금액이지만, 새로운 사업을 시작하기에는 적은 금액입니다. 돈의 가치는 계속 줄어듭니다. 자장면이 지금은 7,000원이지만, 우리가 은퇴할 때 즈음이면 만 원은 훌쩍 넘어 있겠죠. 따라서 1980년대를 살았던 분들과는 다른 계획이 필요합니다. 돈을 벌고 저축해서 투자하고 돈을 불려야 합니다. 그렇지 않다면 내가 가진 현금의 가치는 계속 떨어집니다.

재무설계는 꼭 필요한 것입니다. 인생의 건물을 짓는 데 있어서 필요한 설계도입니다. 건물이 올라가면서 설계도면대로 되지 않는 곳도 있겠지요. 때로는 더 좋은 자재가 나오기도 하고, 공법이 개발되기도 합니다. 그러면 그것에 맞게 더 좋은 것으로 교체해야 합니다. 그러기 위해서는 설계도가 필요하고, 곳곳에 숨어 있는 위험요소를 파악해두어야 합니다. 그것이 바로 재무설계입니다.

재무설계가 중요한 이유

> **Q** 오늘 재무설계 받은 ○○○입니다. 이제야 왜 재무설계를 받아야 하는지 알겠습니다. 고맙습니다.

필자에게 재무설계를 받은 분에게 받은 카톡 내용입니다. 이런 카톡을 받게 되면 기분이 참 좋습니다. 도움을 드렸다는 뿌듯함도 있지만, 상담을 통해 재무설계의 중요성을 알게 되었다는 것이 더 기분 좋게 만듭니다. 많은 사람이 계획 없이 살아갑니다. 인생의 계획은 있지만, 그에 필요한 돈을 계획하지 않습니다. 정작 돈이 없다면 인생의 계획을 수립할 수 없는 경우가 허다한데 말이죠. 돈을 계획해서 모으고 불리면 생각보다 빨리 은퇴할 수도 있습니다. 자신이 하기 싫은 일에만 은퇴하고, 하고 싶은 일은 평생 할 수도 있습니다. 돈이 주는 자유는 다른 것이 아닌, 시간의 자유이기 때문입니다. 따라서 돈을 계획하는 것은 시간을 계획하는 것과 크게 다르지 않습니다.

은퇴하려면 얼마가 필요할까요? 은퇴 전 최소 5억 원을 만들라고 계속해서 이 책에서 말하는 이유는 무엇일까요? 실제로 그 돈이 필요하기 때문입니다. 5억 원을 1년 만에 만들 수 있나요? 쉽지 않습니다. 내 인생이 갑자기 변하지 않고서는 불가능에 가깝습니다. 그러면 5억 원을 긴 시간 동안 모으고 불려야 합니다. 60세에 은퇴하고 100세까지 산다고 가정하고, 40년 동안 한 달에 100만 원만 써도 4억 8,000만 원이 있어야 합니다. 하지만 한 달에 100만 원을 쓰는 삶이 가능할까요? 물가는 계속 오르고 돈의 가치는 떨어질 텐데요. 그래서 우리가 은퇴할 때는 최소 5억 원 이상 있어야 한다는 말입니다. 이런 돈을 계획 없이 모으고 불리기는 불가능합니다.

재무설계는 인생계획에 무조건 포함되어야 합니다. 어쩌면 인생계획보다도 더 중요한 계획일지도 모릅니다.

PART

11

재무설계 실전 편, 사회초년생을 위한 투자 조언

사업을 시작하려고 해도 자신이 없어요

Q 사업을 시작하려고 해도 직장을 다니면서 할 자신이 없습니다. 어떻게 해야 할까요?

사회에 첫발을 내딛은 것만으로도 축하받을 일입니다. 그리고 그것을 잘 해내는 것이 첫 번째입니다. 제일 우선시되어야 할 것은 회사에서 최선을 다하는 것입니다. 하지만 최선을 다한다는 것이 나의 삶을 모두 올인해야 한다는 것은 아닙니다. 일단 회사 근무시간에는 무엇보다 집중해야 하고, 잘 해내려는 노력이 필요합니다. 사업은 그다음에 생각할 부분입니다. 직장에 다니면서 사업을 시작해야 한다고 필자가 말하고 있지만, 그것을 실천하고 있는 직장인은 그리 많지 않습니다. 왜냐하면 힘들고 어려운 길이기 때문입니다. 쉽고 누구나 할 수 있다면, 수많은 사람이 직장에 다니다가 모두 독립해야 하는 것이 맞습니다. 주위를 둘러보세요. 직장에 다니다가 자의가 아닌 타의로 직장을 그만두는 경우가 아니고서는 스스로 독립하는 사람은 그리 많지 않습니다.

그렇다면 어떻게 해야 할까요? 네, 어려운 길을 가야죠. 힘든 길을 가야죠. 그래야 돈을 벌 수 있습니다. 남들이 하지 않는 일을 하거나 하기 싫어하는 일을 했을 때 그것이 수익으로 연결됩니다. 가장 중요한 것은 지금 당장 시작하는 것입니다. 사업을 시작할 때 좋은 사무실, 좋은 직원, 워라밸, 여유 있는 삶, 이런 것을 먼저 떠올리셨다면, 제일 처음 해야 할 일은 그런 것들을 머릿속에서 지워버리는 것입니다. 그것은 직장에서 누리세요. 직장을 다니면서 시작하는 사업에는 그런 것은 없습니다. 오직 홀로 결정하고 홀로 서야 합니다. 남들이 워라밸을 즐길 때 사업구상을 해야 하고, 어떻게 하면 더 잘 팔 수 있을지 고민해야 합니다. 왜 이렇게까지 살아야 하냐고요? 그래야 시간의 자유가 생기기 때문입니다. 이 시기의 모든 시행착오와 실패는 매우 값진 것으로 만들어야 합니다. 모든 실패가 아름다운 것은 아닙니다. 실패하고 수정해서 다시 시작하지 않으면 그것은 그냥 실패입니다. 실패가 아름답기 위해서는 그 실패를 다시는 하지 않도록 만드는 것이어야 합니다. 당신이 실패한 것을 아무도 모릅니다. 다시 시작한 것도 모릅니다. 100번 실패해도 문제없습니다. 100번 다시 시작하고 수정해가면 됩니다. 똑같은 실수를 반복하지 않도록 무한 반복해야 합니다. 그 과정을 거쳐야만 직장을 그만둘 즈음 사업을 통해 홀로 설 수 있습니다. 직장을 그만둔다고 해도 타격이 1도 없는 상태가 됩니다.

직장에서 받는 월급은 계속 똑같습니다. 목표하는 자산을 사기 위해서는 시간이 필요합니다. 시간만 지나면 월급은 쌓이고, 목표하는 자산을 살 수 있게 됩니다. 하지만 지금부터 여러분이 가장 중요시해야 하는 것은 시간입니다. 시간은 돈을 주고 살 수 있습니다. 내가 할 일을 다른 사람에게 돈을 주고 맡기면 됩니다. 그 사람이 일을 처리하는 동안 나에게는 시간이 생깁니다. 이렇게 시간을 사고 있는 사람들이 누구냐면, 기업의 대표들입니다. 그들은 중요한 결정만 합니다. 나머지 일은 직원이 합니다. 그 결정이 매우 힘든 것이기에 돈을 많이 가져가는 것이지요. 그러면서 그들은 시간도 삽니다. 하지만 그들은 누구보다 치열하게 그 시간을 만들어내는 것입니다. 지금의 삶이 오기까지 절대로 허투루 살지 않았을 것입니다.

사업에 관한 이야기는 하나도 없고 모두 멘탈에 관련된 이야기입니다. 맞습니다. 직장에 다니면서 편안함을 느끼셔도 됩니다. 그럴 만큼 열심히 하셨고, 고생하셨습니다. 그로 인해 남들이 누릴 수 없는 급여 생활의 풍요를 누리기 시작했습니다. 이것이 계속되려면 결국 나만의 일을 통해 수익을 창출하셔야 합니다. 직장을 나올 때 즈음 부랴부랴 시작하지 말고, 조금씩 조금씩 미리미리 시작해두면 분명 좋은 시간이 우리에게 올 것입니다. 당신이 시간을 사는 그날이 빨리 오기를 바랍니다.

주식 투자로 부자가 되고 싶어요

Q 주식 투자로 부자가 되고 싶습니다. 매달 주식을 사고 있습니다. 잘하고 있는 것일까요?

투자에도 여러 종류가 있습니다. 우선 자신에게 맞는 투자를 하는 것이 중요합니다. 대부분 사람이 주식 투자에 대해서 큰 오해를 하고 있습니다. 주식은 사놓으면 언젠가는 오른다는 것이 그것입니다.

자료 11-1은 국민주 삼성전자의 10년간 주식 가격을 그래프로 나타낸 차트입니다. 2013년에 사서 10년 보유했다면 자산은 2배가 되었겠네요. 주식을 사서 10년 동안 안 팔고 가지고 있는 것이 흔한 일인가요? 아닙니다. 3년도 가지고 있기 힘들죠.

자료 11-1. 10년간 삼성전자 주가 차트(2013~2023년)

출처 : 네이버 증권

자료 11-2. 3년간 삼성전자 주가 차트(2020~2023년)

출처 : 네이버 증권

자료 11-2의 3년 차트를 봅시다. 2020년에 사서 보유한 사람은 수익 중이지만, 2021년에 사서 보유한 사람은 손실 중일 가능성이 크네요. 주식은 사놓는다고 무조건 오르고 2배, 3배 되는 상품이 아닙니다. 이 세상에 그런 상품은 없습니다. 투자는 내가 산 가격보다 비싸게 파는 것이 성공입니다. 아무리 지금 손실을 보고 있어도 내가 파는 시점에 산 가격보다 높다면 수익입니다. 따라서 투자는 타이밍보다 습관과 경험이 매우 중요합니다.

1. 분산 투자　2. 분할매수(매도)　3. 리밸런싱

이 3가지를 잘 지켜서 습관을 만들어 보세요. 그 습관은 경험이 되고, 그 경험은 실력이 됩니다. 실력이 쌓이면 그때부터 수익을 낼 수 있습니다.

투자는 어떻게 하느냐도 중요하지만, 나 자신을 아는 것이 더욱 중요합니다. 내가 주식 투자에 적합한 사람인가 제일 먼저 따져봐야죠. 맞지 않으면 주식 투자 말고 다른 투자를 해야 합니다. 주식 투자로 부자가 될 수 있습니다. 하지만 누구나 부자가 될 수는 없습니다. 결국 부자가 될 수 있는 사람은 실력이 있는 사람입니다.

부동산을 소액으로 투자할 수 있나요?

부동산에 투자하고 싶은데, 너무 큰돈이 필요하더라고요. 소액으로 투자할 수 있는 부동산이 있나요?

부동산 투자에서 큰돈이 필요하다고 하는 것은 예전에는 맞는 말이었죠. 하지만 지금은 반은 맞고, 반은 틀립니다. 왜냐하면 부동산 투자도 리츠나 ETF로 할 수 있기 때문입니다.

리츠(REITs, Real Estate Investment Trusts)
소액 투자자들에게 모은 자금으로 부동산이나 부동산 관련 대출에 투자한 뒤, 수익을 투자자들에게 배당하는 '부동산 투자 회사' 또는 '부동산 투자 신탁'을 말한다.
리츠는 투자자에게 정기적으로 배당수익을 제공해야 하므로 안정적인 임대 수익이 발생하는 상업용 부동산에 투자한다. 리츠의 지분은 일종의 주식에 해당하며, 대부분 증권거래소에 상장된다. 이에 따라 투자자는 법인 형태로 설립되는 개별 투자 상품의 지분(주식)을 소유한다고 볼 수 있다.

리츠는 소액 투자자를 대상으로 해서 100~200만 원씩 소액자금으로 부동산에 간접적으로 투자할 수 있고, 주식 형태로 거래되어서 투자 자금을 언제든지 매각해 현금화할 수 있다.

(출처 : 네이버 사전)

자료 11-3. 리츠 테마로 검색한 결과

종목명	현재가	전일비	등락률	거래량	시가총액	자산총계	보통주배당금
신한서부티엔디리츠	3,950	▲ 30	+0.77%	6,060	2,210	5,809	160
미래에셋글로벌리츠	3,940	▲ 25	+0.64%	23,439	1,145	3,721	148
모두투어리츠	3,225	▲ 20	+0.62%	1,397	252	1,033	1,572
미래에셋맵스리츠	3,665	▲ 15	+0.41%	888	737	2,903	135
ESR켄달스퀘어리츠	3,835	▲ 10	+0.26%	38,235	8,172	22,539	136
디앤디플랫폼리츠	3,665	▲ 5	+0.14%	12,755	2,360	8,690	150
이지스밸류리츠	4,640	▲ 5	+0.11%	9,437	1,705	3,293	152
KB스타리츠	4,495	0	0.00%	19,934	4,559	3	0
케이탑리츠	896	▼ 2	-0.22%	21,210	431	2,489	77
제이알글로벌리츠	4,450	▼ 10	-0.22%	59,110	8,783	20,049	183
NH올원리츠	3,410	▼ 10	-0.29%	38,453	1,439	5,183	154
이지스레지던스리츠	3,965	▼ 15	-0.38%	894	1,124	3,538	133
이리츠코크렙	5,050	▼ 30	-0.59%	3,747	3,199	6,930	
신한알파리츠	6,400	▼ 40	-0.62%	33,342	4,725	19,289	198
마스턴프리미어리츠	3,725	▼ 25	-0.67%	7,928	990	1,808	111
SK리츠	4,975	▼ 35	-0.70%	40,574	9,779	31,274	66
에이리츠	3,285	▼ 25	-0.76%	1,789	147	893	200
코람코에너지리츠	5,010	▼ 40	-0.79%	15,921	4,436	12,796	175
코람코더원리츠	4,300	▼ 40	-0.92%	16,479	1,737	5,173	85
롯데리츠	3,780	▼ 40	-1.05%	51,737	9,184	23,639	143
NH프라임리츠	4,200	▼ 60	-1.41%	5,186	784	998	115

출처 : 네이버 증권

자료 11-4. SK리츠

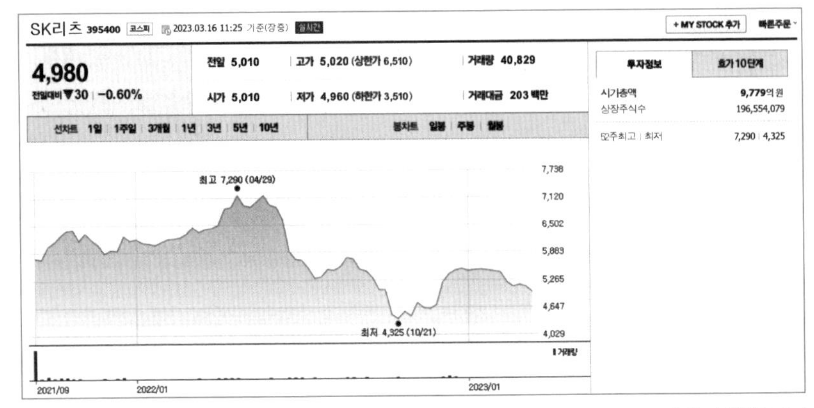

출처 : 네이버 증권

리츠를 모아놓은 ETF도 있습니다.

자료 11-5. TIGER 리츠 부동산 인프라

출처 : 네이버 증권

자료 11-6. TIGER 리츠 부동산 인프라 구성 종목

CU당 구성종목 [기준:23.03.15]

구성종목명	주식수(계약수)	구성비중(%)
롯데리츠	7,154	-
ESR켄달스퀘어리츠	6,184	-
제이알글로벌리츠	5,829	-
SK리츠	5,704	-
맥쿼리인프라	3,326	-
KB스타리츠	2,938	-
맵스리얼티1	2,746	-

* CU : 설정단위(Creation unit)

출처 : 네이버 증권

물론 미국 주식 시장에 상장되어 있는 리츠도 있습니다. 부동산 투자 방법 중 하나를 알려드린 것입니다.

부동산 투자는 소액으로는 하기 힘듭니다. 리츠를 제외하고요. 따라서 저축과 투자를 통해 종잣돈을 만든 후 부동산에 투자해야 합니다. 여기서 조심해야 할 점은 처음부터 큰돈을 빌려서 투자하는 것입니다. 부동산은 큰 금액이 필요하므로 대출받아서 매수하는 것이 흔한 일입니다. 하지만 경험과 실력 없이 대출받고 부동산을 매수한다면, 큰 손실로 이어질 가능성이 큽니다. 부동산 투자도 마찬가지로 소액 투자부터 시작해 경험을 쌓아야 합니다. 물론 1가구 1주택을 위한 주택 구입은 큰 고민 없이 하셔도 됩니다. 이때 주의하셔야 할 점은 내가 감당할 만큼의 대출을 일으켜야 한다는 것입니다. 무주택자에서 1주택자로 가는 주택 구입은 환영이지만, 감당하지 못할 만큼의 대출을 받았다가 2023년 같이 금리가 폭등하는 시기를 맞게 되면, 대출이자와 원금을 갚다가 결국 집을 팔아야 하는 상황이 생길 수가 있습니다. 따라서 부동산 투자도 처음에는 소액 투자로 시작해야 합니다. 무엇보다 중요

한 것은 투자하려는 물건을 최대한 많이 보고 준비해야 한다는 것입니다. 싸게 나오는 물건은 모두 이유가 있습니다. 나를 위해 준비된 싼 가격의 물건은 없습니다. 부동산 투자는 여전히 발품을 팔아야 하며, 초보일수록 더욱 그래야 합니다. 정리해드릴게요.

1. 리츠에 투자합니다.
2. 실거주할 집을 마련합니다(대출은 감당할 수 있을 만큼).
3. 투자 목적의 부동산 매수는 소액부터 시작해서 경험과 실력을 쌓으면서 투자금을 늘려갑니다(시간과 비용이 많이 듦).

자산 포트폴리오는 어떻게 구성하나요?

자산 포트폴리오를 구성하려고 하는데, 너무 막막합니다. 도와주세요.

일단 가장 처음 하셔야 하는 것은 자산 포트폴리오를 만들어 보는 것입니다.

자료 11-7. 금융자산 포트폴리오

주식 평가액	주식 투입자금총액	주식계좌 총 수익률	한국주식	미국주식	암호화폐	펀드	현금
달러/원 환율	연배당금					월분배금	
	수익금						
		부채 제외 한 금융자산					
							전월대비 자산증가율
		2023년도 수익					전년대비 자산증가율
		계좌총액					
레버리지총액							
							현재 주식계좌 수익률
금융자산 목표금액		남은금액					

금융자산 포트폴리오

■ 한국주식
■ 미국주식
■ 암호화폐
■ 펀드
■ 현금

	증가율	계좌총액	목표금액까지	총 수익
2023-01-25				
2023-02-25			0	
2023-03-25			0	
2023-04-25			0	
2023-05-25			0	
2023-06-25			0	
2023-07-25			0	
2023-08-25			0	
2023-09-25			0	
2023-10-25			0	
2023-11-25			0	
2023-12-25			0	

출처 : 필자 작성

필자가 직접 만들어서 사용하고 있는 금융자산 포트폴리오입니다. 금융뿐만 아니라 전체 자산의 포트폴리오도 만들어야 합니다.

자료 11-8. 전체 자산 포트폴리오

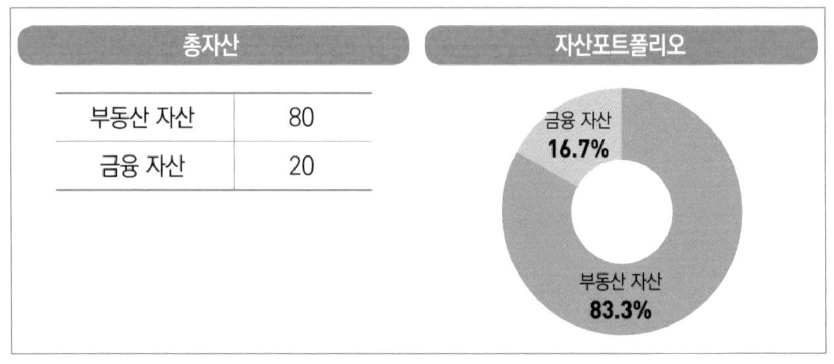

부동산 자산	80
금융 자산	20

출처 : 필자 작성

일단 이렇게 포트폴리오를 만들어 관리하면, 전체 자산의 크기가 얼마나 커지고 줄어드는지 한눈에 알아볼 수 있습니다. 그리고 각 자산의 포트폴리오를 조정하기 시작해야 합니다. 물론 거꾸로 하셔도 됩니다. 각 자산의 포트폴리오를 만들어 가면서 전체 포트폴리오를 만들어 보시는 것도 좋습니다.

저는 어디서나 확인할 수 있도록 구글 스프레드시트를 이용하고 있습니다. 온라인에 저장되는 것이기 때문에 스마트폰, 노트북으로 때와 장소를 가리지 않고 접속할 수 있습니다. 그리고 한 달에 한 번씩 오프라인에 저장해둡니다. 오프라인이라고 하면 USB 메모리입니다. 잘 사용하던 자료인데 인터넷이 안 되거나 구글 회사에 문제가 생겨 접속이 안 되면 매우 큰 문제입니다. 그래서 온라인과 오프라인 모두 저장하는 습관을 들여야 합니다.

이렇게 자산 포트폴리오를 만들었으면 매월, 매년 자산이 늘고 줄어드는 것을 확인할 수 있습니다. 그래서 저는 주식 계좌의 수익률에 집착하지 않습니다. 주식 계좌의 수익률은 전체 자산의 일부일 뿐입니다. 따라서 한 종목의 수익률이 전체 자산에 큰 영향을 미치고 있다면, 분산 투자에 대한 조정이 필요합니다. 분산 투자하는 이유가 전체 자산에 영향을 덜 주기 위해서이기 때문입니다.

그리고 자산 포트폴리오를 만들 때는 최대한 자세히 만들어야 합니다. 그리고 자산의 가격이 연동되도록 만들어야 합니다. 주식 가격 같은 경우에는 구글 스프레드시트에서 주식 가격이 자동으로 반영이 됩니다. 부동산 가격은 실시간 반영이 힘들지만, 움직임이 그리 자주 있는 일은 아니니 수동으로 입력해도 무방합니다. 부채에 대해서도 수동으로 입력합니다.

이렇게 전체 자산 포트폴리오를 만들어서 관리해보세요. 그리고 전체 자산이 늘어나도록 노력해보세요.

결혼, 상대가 돈을 대하는 태도를 살펴보세요

마지막 답변입니다. 99개의 질문에 대한 답을 드렸는데, 여러분께 도움이 되었으면 좋겠습니다. 그리고 마지막 답변은 질문이 없습니다. 왜냐하면 필자가 여러분께 꼭 드리고 싶은 이야기이기 때문입니다. 결혼에 대해서 질문할 수 있습니다. 하지만 결혼과 돈이 매우 큰 연결 관계에 있다는 것을 많은 사람이 모릅니다. 결혼은 어쩌면 인생에서 가장 큰 이벤트라고 생각합니다. 누구와 결혼하느냐에 따라서 인생이 바뀝니다. 그만큼 결혼에 대해 매우 신중한 접근과 선택이 필요합니다.

자, 그러면 결혼이 돈과 어떤 연결 관계에 있는지 알려드릴게요. 우리의 삶은 보통 80년 정도 됩니다. 물론 평균수명이 길어져서 100세 이상 되는 분들도 상당히 많지만, 일단 80세로 하겠습니다. 80년 중 결혼생활은 거의 반 이상을 차지합니다. 그리고 빠르게는 20대에 결혼하기도 하죠. 그렇다면 인생의 2/3가 넘을 수도 있겠네요. 결혼생활을 시작하게 되면 가족을 이루게 됩니다. 아이가 생길 수도 있고, 그렇지 않을 수도 있죠. 따라서 돈의 계획을 잘 세워야 이 세상에서 잘 살고 떠날 수 있습니다. 결혼하게 되면 혼자가 아닌 둘이 되기 때문에 돈, 즉 수입에 대해서 공유하는 부분이 많아집니다. 그래서 더욱 배우자가 중요합니다. 돈에 대해서 생각이 다르고 소비패턴이 다르다면, 결혼생활 내내 힘들어질 가능성이 큽니다. 왜냐하면 자본주의 시대를 살아가는 한, 숨쉬는 것 외에는 모든 것에 돈이 들어가기 때문입니다. 서론이 길었네요. 본론으로 들어갑시다.

일단 결혼하기로 마음을 먹었다면, 어떤 배우자를 선택해야 할까요? 마음이 가는 대로 느낌이 오는 대로 선택할 수도 있지만, 그것뿐만이 아닌 돈에 관한 생각도 꼭 확인해봤으면 좋겠습니다. 서로 확인해보는 것이 사실 제일 베스트죠. 어떻게 확인해야 할까요? 맞습니다. 소비패턴을 확인해보세요. 확인할 수 있는 아주 심플한 한 가지를 알려드릴게요.

소비하고 남는 돈으로 저축해요? 저축하고 남는 돈으로 소비해요?

사실 이것 하나면 그 사람의 거의 모든 소비패턴을 알 수 있습니다. 어떤 것이 더 나은 것인지에 대해서는 개인의 취향이기 때문에 존중해야 하지만, 저축 후 소비하는 방법이 돈을 모으고 불리는 데는 더 많은 도움이 됩니다. 따라서 소비패턴이 맞는 배우자를 선택해야 이후 결혼생활에서 돈이나 소비에 관한 계획을 세울 때 큰 문제가 생기지 않습니다.

돈에 관한 생각은 사람마다 다릅니다. 모두 같을 수는 없죠. 그래도 어느 정도 서로 이해하는 수준은 되어야 합니다. 결혼생활에서 돈 문제가 차지하는 비중이 꽤 큽니다. 왜냐하면 돈 없이는 살 수 없는 세상이기 때문입니다. 돈이 많아야 한다고 말하는 것이 아닙니다. 최소한의 생활이라도 하려면 돈이 필수이기 때문에 하는 말입니다.

결혼 조건은 사람마다 다릅니다. 그 조건 중에 돈을 어떻게 대하는가에 대해서도 꼭 포함시키셨으면 좋겠습니다. 평생의 반려자라고 하는 이유는 정말 거의 평생을 서로의 짝으로 살아가야 하기 때문입니다. 그 시간 동안 돈 때문에 문제가 생긴다면 참으로 삶이 힘들겠지요. 부디 돈을 대하는 태도마저도 이해할 수 있는 반려자를 만나시길 기도합니다.

사회초년생 직장인들에게 해주고 싶은
재무설계 100문 100답

제1판 1쇄 2023년 8월 17일

지은이 김한겸
펴낸이 한성주
펴낸곳 ㈜두드림미디어
책임편집 배성분
디자인 노경녀(nkn3383@naver.com)

㈜두드림미디어
등　록 2015년 3월 25일(제2022-000009호)
주　소 서울시 강서구 공항대로 219, 620호, 621호
전　화 02)333-3577
팩　스 02)6455-3477
이메일 dodreamedia@naver.com(원고 투고 및 출판 관련 문의)
카　페 https://cafe.naver.com/dodreamedia

ISBN 979-11-982681-2-9 (03320)

책 내용에 관한 궁금증은 표지 앞날개에 있는 저자의 이메일이나 저자의 각종 SNS 연락처로 문의해주시길 바랍니다.